VILLA PARK

D1328306

IN THE CITY

N 51°54.53' E 4°28.19'

VILLA PARK

**Het Chabot Museum en de omgeving
van de Museumparkvilla's**
The Chabot Museum and the Environs
of the Museumpark Villas

Tekst/Texts
**Elly Adriaansz, Jisca Bijlsma,
Joris Molenaar, ZUS (Elma van Boxel & Kristian Koreman)**

Fotografie/Photography
Jannes Linders

NAi Uitgevers/Publishers

IN THE CITY

COLOFON/CREDITS

Deze publicatie is het initiatief van het Chabot Museum.

Deze publicatie kwam mede tot stand dankzij een bijdrage van het Prins Bernhard Cultuurfonds Zuid Holland, G.Ph.Verhagen Stichting, Stichting Bevordering van Volkskracht, de Erasmusstichting en Dienst Kunst en Cultuur Rotterdam

Stichting
Bevordering van
Volkskracht

Tekstredactie: Els Brinkman
Grafisch ontwerp: Ben Laloua/Didier Pascal ism Marius Hofsteden
Fotografie: Jannes Linders
Druk en lithografie: Die Keure, Brugge
Papier: Arctic, 115 gr
Projectcoördinatie: Linda Schaefer, NAi Uitgevers
Uitgever: Eelco van Welie, NAi Uitgevers

NAi Uitgevers is een internationaal georiënteerde uitgever, gespecialiseerd in het ontwikkelen, produceren en distribueren van boeken over architectuur, beeldende kunst en verwante disciplines.
www.naipublishers.nl

ISBN 978-90-5662-651-8

This publication is an initiative of the Chabot Museum.
This publication was made possible, in part, by the financial support of the Prins Bernhard Cultuurfonds Zuid Holland, G.Ph. Verhagen Stichting, Stichting Bevordering van Volkskracht, the Erasmusstichting and Dienst Kunst en Cultuur Rotterdam.

Copy editing: Charlotte Vaudrey
Translation: Jantien Black (texts Joris Molenaar, Jisca Bijlsma, ZUS) and Lynn George (text Elly Adriaansz)
Graphic Design: Ben Laloua/Didier Pascal with Marius Hofsteden
Photography: Jannes Linders
Printing and lithography: Die Keure, Bruges
Paper: Arctic, 115 gr
Project coordination: Linda Schaefer, NAi Publishers, Rotterdam
Publisher: Eelco van Welie, NAi Publishers, Rotterdam

NAi Publishers is an internationally orientated publisher specialized in developing, producing and distributing books on architecture, visual arts and related disciplines.
www.naipublishers.nl

Available in the United Kingdom and Ireland through Art Data, 12 Bell Industrial Estate, 50 Cunnington Street, London W4 5HB, tel +44 208 747 1061, fax +44 208 742 2319, orders@artdata.co.uk

Available in North, South and Central America through D.A.P./ Distributed Art Publishers Inc, 155 Sixth Avenue 2nd Floor, New York, NY 10013-1507, tel +1 212 627 1999, fax +1 212 627 9484, dap@dapinc.com

Printed and bound in Belgium

ISBN 978-90-5662-651-8

INHOUDSOPGAVE/CONTENTS

**Het Chabot Museum en de omgeving van de
Museumparkvilla's**   7
The Chabot Museum and the Environs of the Museumpark Villas   8
Jisca Bijlsma

Operatie Wit Park: Snowflake Guerilla   17
Operation White Park: Snowflake Guerilla   18
ZUS (Zones Urbaines Sensibles)
Elma van Boxel & Kristian Koreman

Vooroorlogse villaparken in Rotterdam   19
Villa Parks in Pre-War Rotterdam   20
Elly Adriaansz

Een kubische witte villa in 'style paquebot'   35
Het behoud van huis Kraaijeveld als Chabot Museum
A White Cubist Villa in 'Paquebot Style'   36
Preserving the Kraaijeveld House as the Chabot Museum
Joris Molenaar (Molenaar & Van Winden Architecten)

Tentoonstellingen / Exhibitions 1993-2009   123

Het Chabot Museum en de omgeving van de Museumparkvilla's

Jisca Bijlsma

In het Museumpark, midden in het grootstedelijke centrum van Rotterdam, staan zes monumentale villa's. Vier ervan dateren uit de jaren dertig van de vorige eeuw en twee van na de Tweede Wereldoorlog, de jaren vijftig en zestig. De moderne witte villa's zijn omgeven door lommerrijke tuinen en vormen gezamenlijk een groen eiland in een drukke stad. Het zijn historische monumenten die de herinnering aan de jaren dertig van de vorige eeuw levend houden. Als architecturale sculpturen staan de villa's in een zekere afzondering en toch als kleinschalig fraai geproportioneerd ensemble in directe verbinding met het Museumpark en met de architectuur van de omliggende instellingen. De villa waarin het Chabot Museum is gevestigd, het voormalige woonhuis Kraaijeveld, vormt een sterke markering in dit moderne villapark.

Dit boek sluit aan op eerdere publicaties en laat zien hoe de geschiedenis van de witte villa's, toentertijd villapark Dijkzigt genoemd, nauw verbonden is met de geschiedenis van villabouw en villaparkjes in Rotterdam, en meer specifiek met het Museumpark, het voormalige landgoed van Hoboken.[1] Het belicht de geschiedenis van het villapark in relatie tot het recentelijk gerestaureerde rijksmonument waarin het Chabot Museum is gehuisvest. En het brengt de huidige omgeving van dit monografisch georiënteerde kunstmuseum gewijd aan de schilder/beeldhouwer Henk Chabot (1894-1949) en zijn tijdgenoten in beeld.

De oorspronkelijk als riante woonhuizen gebouwde villa's hebben nu vrijwel alle een nieuwe bestemming. Naast het particuliere Chabot Museum, dat in 1993 de deuren opende, heeft sinds 2001 ook Huis Sonneveld, als exemplarische villa voor de functionalistische wooncultuur ('Het Nieuwe Wonen'), een publieke bestemming gekregen.[2] De monumentale architectuur van het Nieuwe Bouwen, die gekenmerkt wordt door licht, lucht en ruimte, het gebruik van veel glas en destijds nieuwe materialen als staal en beton, maakte voor de bewoner van toen, maar ook voor de museumbezoeker nu, de buitenruimte binnen en de binnenruimte buiten beleefbaar. De witte villa's demonstreren dit elk op eigen wijze. De beleving van ruimtelijkheid, het directe contact met de omgeving, levert

1. E. Adriaansz e.a., 'The Rotterdam Museumpark Villas', Wiederhall 20 (2001).

2. Huis Sonneveld is aangekocht en gerestaureerd door de Stichting Volkskracht Historische Monumenten en is in beheer van het Nederlands Architectuurinstituut.

The Chabot Museum and the Environs of the Museumpark Villas

Jisca Bijlsma

In the Museumpark, at the heart of the metropolitan centre of Rotterdam, are six monumental villas. Four of these date from the 1930s; the remaining two were built after the Second World War, in the 1950s and 1960s. The modern white villas are surrounded by leafy gardens, which together form a green enclave in the hectic city. They are historic monuments; the four earlier ones keep our memories of the 1930s alive. As sculptural forms the villas stand somewhat apart from the rest of the area, yet together they form a beautifully proportioned, small-scale ensemble relating directly to the Museumpark and the architecture of surrounding institutions. The villa housing the Chabot Museum, formerly the Kraaijeveld residence, is a prominent landmark in this modern villa park.

This book follows on from earlier publications and shows how the history of the white villas, originally known as Dijkzigt Villa Park, ties in closely with the history of villa architecture and of small villa parks in Rotterdam – in particular with the Museumpark, built on the former grounds of the Hoboken estate.[1] The book describes the history of the villa park in connection with the recently renovated villa that houses the Chabot Museum. It also looks at the current environment of this listed building, which is arranged as a museum dedicated to the painter and sculptor Henk Chabot (1894-1949) and his contemporaries.

The villas were originally conceived as spacious residences but have almost all come to serve a different purpose. The Chabot Museum, a private initiative, was the first to open its doors to the public, which it did in 1993. It was followed in 2001 by the Sonneveld House, which is now a model villa of the Modern Movement (known in Dutch as the Nieuwe Bouwen).[2] The monumental architecture that arose from this style was characterized by light, air and space, and by the use of large quantities of glass and materials that were new at the time, such as steel and concrete. These combinations resulted in inner spaces that could be experienced from the outside and outer spaces that could be experienced from inside. This aspect, demonstrated by each of the villas in its own way, can still be appreciated by museum visitors today. In the case of the Chabot Museum, the perception of space and immediate contact with the environment can certainly be said to create a setting that lends itself naturally to the presentation and appreciation of visual art. It is the special experience provided by the place and the unique history of the villa that make the Chabot

1. E. Adriaansz, et al., 'The Rotterdam Museumpark Villas', Wiederhall 20 (2001).

2. Sonneveld House was bought and restored by the Stichting Volkskracht Historische Monumenten (people's foundation for historic monuments) and is managed by the Netherlands Architecture Institute.

zeker voor het Chabot Museum een specifieke museale setting op voor het presenteren en beschouwen van beeldende kunst. Mede door de ruimtebeleving en de verbondenheid met de historie van de villa kan het Chabot Museum worden getypeerd als een monument voor het Nederlands expressionisme in een parel van het Nieuwe Bouwen. De menselijke schaal zorgt voor een aangename, intieme ambiance. De dimensies van de ruimten herinneren voortdurend aan de oorspronkelijke functie en doen de bezoekers regelmatig verzuchten: 'Ik zou hier wel willen wonen.' Het karakter en de kwaliteit van de architectuur en van de directe omgeving bieden een structuur aan de kunst én ook aan de bezoeker, die daar terloops mee wordt geconfronteerd. Een vergelijking met de Meisterhäuserhauser in Dessau (Meisterhaus Kandinsky-Klee, Feiningerhaus) ligt voor de hand, maar ook met de door Mies van der Rohe ontworpen Haus Esters en Haus Lange in Krefeld (1927-1930), beide al decennia in gebruik als toonaangevende museale presentatieruimten voor hedendaagse kunst; niet alleen door de overeenkomst in de bouwgeschiedenis en de architectuurstijl, maar vooral ook door de combinatie van museale functie en zakelijke baksteenarchitectuur, omgeven door een parkachtig tuinlandschap. In Krefeld vormen de tuinen van de twee naast elkaar gelegen villa's op een natuurlijke wijze één geheel.

Een monument voor het Nederlands expressionisme
Kunstenaar Henk Chabot verwierf vroeg in de jaren twintig van de vorige eeuw bekendheid als beeldhouwer van koppen en figuren in hout en steen. In zijn vroege werk is duidelijk de invloed van het symbolisme en het kubisme te zien. In de jaren dertig breekt hij door met een expressief, eigen handschrift. Mede door zijn jaarlijkse solo-exposities bij Kunstzaal Van Lier in Amsterdam wordt hij dan, samen met onder anderen Charley Toorop, Herman Kruyder, Carel Willink en Dick Ket, gerekend tot de belangrijke en toonaangevende moderne kunstenaars in Nederland. Chabot behoort met zijn monumentale, veelal

Haus Esters in Krefeld, tuinzijde
Foto: Archiv der Krefelder
Kunstmuseen, Volker Döhne

Haus Esters in Krefeld, interieur
Foto: Archiv der Krefelder
Kunstmuseen, Volker Döhne

Museum a monument to Dutch expressionism housed within a gem of <u>Nieuwe Bouwen</u> architecture. The human scale provides a pleasant, intimate ambience. The proportions of the rooms remind us of their original functions; comments such as 'I would like to live here' are regularly heard from visitors. The nature and quality of the architecture in conjunction with the immediate surroundings provide a good setting for art, but also for visitors themselves as they experience the architecture during their visit. It is tempting to draw a comparison not only with the Masters' Houses in Dessau (the Kandinsky-Klee and Feininger houses), but also with the two villas in Krefeld designed by Mies van der Rohe, Haus Esters and Haus Lange (1927-1930), which have been prominent exhibition spaces for contemporary art for decades. This is prompted by the comparable history and architectural style of the buildings, but even more importantly perhaps by the fact that these spaces within functional brick architecture have all been transformed into museums of one kind or another. Another common feature is that the buildings are surrounded by landscaped gardens. The grounds of the two neighbouring houses in Krefeld are designed to form a continuous space.

<u>A Monument to Dutch Expressionism</u>
In the early 1920s the artist Henk Chabot made a name for himself with heads and figures carved out of wood and stone. His early work clearly reveals symbolist and cubist influences from which he developed his own distinctively expressive style in the 1930s. Thanks to, among other things, a series of annual one-man shows at the Van Lier Gallery in Amsterdam he became established as one the country's leading modern artists along with Charley Toorop, Herman Kruyder, Carel Willink, Dick Ket and others. With his monumental, often thickly painted canvases with compositions that fill the frame, Chabot belongs to a group of second-generation expressionists who also achieved an international reputation. Other artists in this group include Constant Permeke and Gustave De Smet in Belgium, Max Beckmann in Germany and Chaim Soutine in France.

Haus Esters in Krefeld, seen from the garden
Photograph: Archiv der Krefelder Kunstmuseen, Volker Döhne

Haus Esters in Krefeld, interior
Photograph: Archiv der Krefelder Kunstmuseen, Volker Döhne

pasteus opgebouwde en beeldvullende composities tot een tweede generatie expressionisten, die zich ook internationaal manifesteerde. Hiertoe behoorden Constant Permeke en Gustave De Smet in België, Max Beckmann in Duitsland en Chaim Soutine in Frankrijk. Als schilder van boeren en tuinders, van het Hollandse landschap, en in de oorlogsjaren zijn figuren van vluchtelingen en onderduikers, heeft de expressionist Chabot een eigen plaats in de Nederlandse kunst veroverd. Chabots bekendste werk, Brand van Rotterdam (1940), een landschap met een dreigende felrode lucht dat de herinnering aan het bombardement op Rotterdam levend houdt, is als bruikleen van de gemeente permanent ondergebracht in het Chabot Museum.

Het Chabot Museum beheert een van de grootste verzamelingen van Chabots werk, waarvan de kern wordt gevormd door een particuliere collectie van 26 schilderijen uit de oorlogsjaren.[3] Het echtpaar Tol-Breugem stelde deze zogenaamde oorlogscollectie tot 1991 open voor publiek in hun woonhuis in Hillegersberg. Het echtpaar Grootveld-Parrée kocht vervolgens deze schilderijen aan met het oog op voortzetting van de openbare toegankelijkheid. Zij brachten hun collectie na aankoop van de villa in 1991 onder in het Chabot Museum. Pand en collectie vormen sindsdien een unieke combinatie.

De monumentaliteit van Chabots werk en de monumentaliteit van de villa versterken elkaar, dagen elkaar uit en zijn 'aan elkaar gewaagd'. Het werk van Chabot heeft hier dan ook een passende thuisbasis gevonden. Maar niet in een statische opstelling; ter kennismaking worden met regelmaat verwante kunstenaars uitgenodigd voor een 'visueel gesprek'. Een overzicht van een gerichte selectie werken kan, zo blijkt telkens weer, een overtuigend beeld opleveren waarin de bezoeker indringend kan kennismaken met een kunstenaar en zijn werk. Zo wordt een dynamisch en gevarieerd tentoonstellingsbeleid gevoerd waarbij het werk van Chabot direct of indirect wordt

3. Zie werken van Chabot op zaal tijdens tentoonstelling 'Oog in oog met de collectie' (2009): p. 72 (Vrouw van woonwagen, 1933, Museum De Wieger, Deurne/ bruikleen ICN, Amsterdam/Rijswijk), p. 74 (Jongetje, 1924, collectie D. Tol), p. 77 (Schrijver, 1946, Chabot Museum, Rotterdam/ collectie Grootveld; Vluchtelingen met Joods kind, 1943, Chabot Museum, Rotterdam), p. 108 (Boer met strootje, 1945, Chabot Museum, Rotterdam/collectie Grootveld; Boer met riek, 1946, Chabot Museum Rotterdam/collectie Grootveld), p. 118 (Brand van Rotterdam, 1940, Chabot Museum, Rotterdam/ bruikleen van gemeente Rotterdam).

Chabot Museum, tweede verdieping met het schilderij Brand van Rotterdam (1940) van Henk Chabot (2009)
Foto: Jannes Linders

Chabot's Dutch landscapes, his studies of peasants and market gardeners and his war-inspired images of refugees and people in hiding have secured him a firm place in Dutch expressionist art. His most famous work, <u>The Burning of Rotterdam</u> (1940), is a landscape with a menacing, bright red sky, vividly reminding the viewer of the Rotterdam Blitz. It is on permanent loan to the Chabot Museum from the Rotterdam City Council.

The Chabot Museum looks after one of the largest collections of Chabot's work.[3] The core of the collection is a group of 26 paintings dating from the war years and originally brought together by Mr and Mrs Tol-Breugem. The couple made this so-called war collection publicly available at their home in Hillegersberg. This situation continued until 1991, after which the collection was acquired by Mr and Mrs Grootveld-Parrée, who were dedicated to keeping the works accessible to the public. The couple bought the Museumpark villa and transferred the collection there in 1991. Now the Chabot Museum, the building and collection combine to form an important monument.

The monumentality of Chabot's art and that of the villa are well matched; they strengthen and challenge each other and the building forms a natural home for the collection. The works are not presented in a static display, however. To introduce new ways of looking at Chabot, the museum regularly invites artists to engage in a 'visual conversation'. Time and again visitors find that a carefully selected group of works can provide a powerful impression that will allow them to get to know an artist and his work intimately. Thus the museum follows a dynamic and varied exhibitions policy in which Chabot's work is often, directly or indirectly, confronted with influences and attitudes in art. There have been exhibitions linking Chabot's work to, for example, Ossip Zadkine, Käthe Kollwitz, Ernst Ludwig Kirchner, Philipp Bauknecht, Emil Nolde, James Ensor, Otto Gleichmann and Paula Modersohn-Becker. Most of these were organized in close collaboration with other museums and collections similarly dedicated to one artist. The relationship with the

3. See the depicted works by Chabot from the exhibition 'Eye to Eye with the Collection' (2009): page 72 (<u>Caravan Woman</u>, 1933, Museum De Wieger, Deurne/on loan from the Netherlands Institute for Cultural Heritage, Amsterdam/Rijswijk), page 74 (<u>Small Boy</u>, 1924, Collection D. Tol), page 77 (<u>Author</u>, 1946, Chabot Museum Rotterdam/Collection Grootveld; <u>Fugitives with Jewish child</u>, 1943, Chabot Museum, Rotterdam), page 108 (<u>Peasant with Stalk of Hay</u>, 1945, Chabot Museum Rotterdam/Collection Grootveld; <u>Peasant with Pitchfork</u>, 1946, Chabot Museum Rotterdam/Collection Grootveld), page 118 (The Burning of Rotterdam, 1940, Chabot Museum, Rotterdam/on loan from the City of Rotterdam).

Second floor of the Chabot Museum with Henk Chabot's 1940 painting, <u>The Burning of Rotterdam</u> (2009) Photograph: Jannes Linders

geconfronteerd met invloeden en posities in de kunst. In nauwe samenwerking met veelal eveneens monografisch georiënteerde musea en collecties werden in relatie tot het werk van Chabot tentoonstellingen gerealiseerd van onder anderen Ossip Zadkine, Käthe Kollwitz, Ernst Ludwig Kirchner, Philipp Bauknecht, Emil Nolde, James Ensor, Otto Gleichmann en Paula Modersohn-Becker. Ook de relatie met de nieuw-zakelijke architectuur kan aanleiding zijn voor een presentatie, zoals van de foto's die Thomas Ruff maakte van de villa's van Mies van der Rohe ('l.m.v.d.r.').[4]

4. Zie het overzicht van tentoonstellingen op p. 123-124.

De collectie is in de loop der jaren uitgebreid. Het Chabot Museum heeft belangrijke schenkingen ontvangen van het werk van enkele tijdgenoten van Chabot. Met name de omvangrijke collectie (ca. 500 objecten) van de Rotterdamse verzamelaar Cees Schortemeijer, leeftijdgenoot en goede vriend van Chabot, draagt substantieel bij aan een breder zicht op Chabot en zijn tijd. De collectie omvat documentaire dag-boekachtige albums, grafiek en ander werk op papier van uiteenlopende (Rotterdamse) kunstenaars (Chabot, Bolle, Van der Plas, Kamman, Tielens, Robèr, Van Kuik, Lebeau e.a.), maar ook affiches, politieke prenten en etnografica. De collectie getuigt van een idealistisch artistiek en intellectueel klimaat waarin geen duidelijke scheidslijnen liepen tussen disciplines als beeldende kunst, architectuur, vormgeving, literatuur en poëzie.

Hiermee heeft het Chabot Museum de basis gelegd om, met

Chabot Museum, eerste verdieping tijdens tentoonstelling 'Het fantastisch bal. Grafisch werk van James Ensor' (2006)
Foto: Chabot Museum, Rotterdam, Bob Goedewagen

Chabot Museum, tweede verdieping tijdens tentoonstelling 'Maskers en etnografica uit de collectie Schortemeijer' (2000)
Foto: Chabot Museum, Rotterdam

new functional architecture has also been the subject of displays, for example a series of photographs by Thomas Ruff of villas designed by Mies van der Rohe.[4]

4. See the list of exhibitions on page 123-124.

Over the years the collection has expanded thanks to a number of important donations of work made by artists working at the same time as Chabot. In particular the substantial collection (circa 500 objects) of the Rotterdam collector Cees Schortemeijer, who was an exact contemporary and close friend of Chabot, has given us a broader view of Chabot and his time. The Schortemeijer collection includes albums of documentation and diary-like notes; prints and other works on paper by various artists mainly from Rotterdam (Chabot, Bolle, Van der Plas, Kamman, Tielens, Robèr, Van Kuik, Lebeau and others), as well as posters, political prints and ethnographic items.
It is the product of an artistic and idealistic intellectual climate that encouraged flexible boundaries between the disciplines of fine art, architecture, design, literature and poetry.

With these core collections, and with the work of Henk Chabot himself at the centre, the Chabot Museum can portray the artistic climate in Rotterdam between the two World Wars. It uses actual works from the collection as well as digital material and presents these in a range of different contexts, nationally as well as internationally.

First floor of the Chabot Museum during the exhibition 'The Fantastic Ball. Prints by James Ensor' (2006) Photograph: Chabot Museum, Rotterdam, Bob Goedewagen

Second floor of the Chabot Museum during the exhibition 'Masks and Ethnographic Artefacts from the Schortemeijer Collection' (2000) Photograph: Chabot Museum, Rotterdam

het werk van Henk Chabot als uitgangspunt, een beeld te geven van het Rotterdamse kunstklimaat in het interbellum en dit zowel fysiek als digitaal, ook internationaal, in uiteenlopende contexten te tonen.

Ingrepen in de ruimte

Elke presentatie is een bewuste ingreep in de ruimte. Door de wisselwerking tussen binnen- en buitenruimte die eigen is aan de modernistische architectuur van het Chabot Museum, ligt een presentatie die zowel binnen als buiten plaatsvindt voor de hand. In een eerste experimentele setting zijn in 2006 vanuit die invalshoek de tentsculpturen van Dré Wapenaar geëxposeerd, zowel in het Chabot Museum als in de intieme groene 'kamers' van de villatuinen rondom, waaronder die van het aangrenzende hotel en bankgebouw.[5] In vervolg hierop is in samenwerking met ZUS (Zones Urbaines Sensibles) in een traject van subtiele interventies getiteld Operatie Wit Park de potentie van het groene villagebied verder verkend, met als hoogtepunt de opening van de Europoort van Heras (2008), die een verbinding tussen twee tuinen en daarmee een eerste routing door het gebied van de Museumparkvilla's mogelijk maakte. Dit ging gepaard met het planten van de laatste van in totaal 50.000 bloembollen (Snowflake Guerilla) die in alle villatuinen zijn geplant en die de eenheid ervan symboliseren. Elk jaar, als de natuur meewerkt, zullen ze krachtig wit gaan bloeien en zich als een beschaafde welriekende en witbloeiende plaag vermeerderen.

Vanuit een dergelijke beeld, waarin verleden, heden en toekomst in zekere zin samenkomen, en het groen, de menselijke schaal en de grenzen zich actueel manifesteren, kan de verbinding tussen de private en publieke ruimte in dit deel van het Museumpark, het Villa Park in the City, zich in de toekomst verder ontwikkelen.

5. Het tentoonstellingsproject van Dré Wapenaar vond in 2006 plaats naar aanleiding van de Chabotprijs, die door het Prins Bernhard Cultuurfonds in 2005 aan de kunstenaar is toegekend, met medewerking van de betrokkenen in het gebied, Bilderberg Parkhotel, Van Lanschot Bankiers, Rotterdam Festivals, Rotterdam Marketing, Mondriaan Stichting, Ontwikkelingsbedrijf Rotterdam, Stichting Bevordering van Volkskracht, Prins Bernhard Cultuurfonds.

Paviljoen van de leegte van Dré Wapenaar in tuin van bankgebouw tijdens presentatie 'Live & Die' (2006)
Foto: Robbert Roos

Trappenhuis Chabot Museum met nesttentje van Dré Wapenaar (2006)
Foto: Chabot Museum, Rotterdam

Spatial Interventions

Each presentation constitutes a conscious intervention in the space. The interaction between inner and outer spaces, which is so characteristic of the modernist architecture of the Chabot Museum, lends itself naturally to a presentation that takes place both inside and outside the building. The museum conducted a first experiment to this end in 2006, mounting an exhibition of tent sculptures by Dré Wapenaar. The tents were displayed in the Chabot Museum as well as in the intimate green 'rooms' of the surrounding villa gardens, including those of the adjacent hotel and bank buildings.[5] Further actions exploring the potential of the leafy villa area followed with a series of subtle interventions entitled Operation White Park organized in collaboration with ZUS (Zones Urbaines Sensibles). The highlight of this project was the opening of the Heras Euro Gate (2008), a gateway between two of the gardens providing a first route through the villa park. To mark the occasion and symbolize the unity of the gardens, no less than 50,000 bulbs (Snowflake Guerilla) were planted all around the villas. With a little help from nature, each year the bulbs bloom into a pleasantly fragrant sea of white flowers that spreads throughout the grounds.

These investigations bring together past, present and future, showing the greenery, the human scale and the boundaries in their present state. They provide a framework from which the link between private and public space in this part of the Museumpark, the Villa Park in the City, can be further explored and developed.

5. In 2005 Dré Wapenaar was awarded the Chabot Prize by the Prins Bernhard Cultural Foundation. The event was followed by an exhibition project in 2006 supported by various institutions including neighbouring businesses: Bilderberg Parkhotel, Van Lanschot Bankiers, Rotterdam Festivals, Rotterdam Marketing, Mondriaan Foundation, Ontwikkelingsbedrijf Rotterdam, Stichting Bevordering van Volkskracht, and Prins Bernhard Cultuurfonds.

Garden of the bank with the Pavilion of Emptiness by Dré Wapenaar during the 'Live & Die' show (2006) Photograph: Robbert Roos

Staircase in the Chabot Museum with small nest tent by Dré Wapenaar (2006) Photograph: Chabot Museum, Rotterdam

Operatie Wit Park: Snow-flake Guerilla

ZUS (Zones Urbaines Sensibles)
Elma van Boxel & Kristian Koreman

In de hedendaagse stad mani-
festeert de private ruimte zich
steeds nadrukkelijker ten opzichte
van de publieke ruimte. Zo ook in
het collectief van gebouwen, dat
bekendstaat als 'de witte villa's'.
Rond elke villa staan hekken en
hagen om het eigen domein af
te bakenen. Dat doet afbreuk aan
het beeld van een samenhangend
cluster dat de witte villa's eens
vormden. De barrières verwijderen
is praktisch vrijwel onuitvoerbaar
en zou rigoureus zijn. Daarom
is gekozen voor een fluwelen
revolutie. Onder de titel <u>Operatie
Wit Park</u> vinden er geleidelijk
enkele verbindende interventies
plaats. <u>Snowflake Guerilla</u> is
daarvan het begin. De ambitie
is een gelijkmatig tapijt dat de
bestaande verschillen opheft.
50.000 bollen van sneeuwklokjes
zijn daarvoor in alle hoeken en
gaten geplant, waardoor een wit
tapijt ontstaat. De bollen zitten
in de grond als een slapend
mijnenveld om iedere lente weer
te exploderen en de hekken en
hagen te overstralen.

Operatie Wit Park: <u>Snowflake
Guerilla</u> – vogelvlucht

Operatie Wit Park: <u>Snowflake
Guerilla</u> – perspectief

Operation White Park: Snowflake Guerilla

ZUS (Zones Urbaines Sensibles)
Elma van Boxel & Kristian Koreman

In cities today, private spaces are increasingly surrounded by clearly visible boundaries to mark them off from public areas. This has happened with the cluster of buildings collectively known as 'the white villas': fences and hedges surround the houses to mark the boundaries. These detract from the original unity of the white villas as a harmonious group. Removing the barriers would be a drastic step and more or less impossible from a practical point of view. It therefore seemed a good idea to instigate a 'velvet revolution'. A number of interrelated interventions will gradually take place in a project entitled Operation White Park. The first event, Snowflake Guerilla, is an attempt to neutralize existing differences by creating a continuous carpet of white flowers. To this end, a hidden minefield of 50,000 snowdrop bulbs has been planted in the gardens surrounding the villas. Every year, when spring arrives, the bulbs explode into a bright carpet transcending the fences and hedges.

Operation White Park: Snowflake Guerilla – bird's-eye view

Operation White Park: Snowflake Guerilla – perspective

Vooroorlogse villaparken in Rotterdam

Elly Adriaansz

In de jaren dertig van de vorige eeuw werden in het Rotterdamse villapark Dijkzigt, midden in het centrum van de stad en gelegen in de schaduw van Museum Boijmans, vier villa's gebouwd. Eén daarvan was huis Kraaijeveld, genoemd naar zijn toenmalige opdrachtgever en bouwheer, nu het Chabot Museum. Met zijn merendeels witgestuukte huizen met stalen ramen en royale balkons was Dijkzigt toen (ondanks zijn kleine schaal) architectonisch de modernste villawijk in het vooroorlogse Rotterdam.

Villabouw, met als doel de welgestelde burger aan zijn woonplaats te binden, was in de negentiende eeuw in Nederland al een punt van aandacht, zowel politiek als particulier. In Rotterdam zwol de discussie over dit onderwerp vooral aan in het begin van de twintigste eeuw, toen de haven groeide met navenante stadsuitbreidingen en veel vermogende Rotterdammers hun woonheil elders zochten door gebrek aan een aantrekkelijke woonambiance. Van der Laar wijst in dit verband op de eenzijdige gerichtheid vanaf 1880 van het stadsbestuur op de ontwikkeling van Rotterdam als internationale transitohaven, met als gevolg een aanzienlijke verwaarlozing van stadsuiterlijk en van culturele aspecten.

Cijfers over vertrekkende Rotterdammers zijn onbekend, maar hun aantal moet aanzienlijk zijn geweest. Tot in de jaren dertig valt met betrekking tot dit onderwerp herhaaldelijk het woord 'uittocht'. Vooral Den Haag en Wassenaar waren als nieuwe woonplaats populair. Ir. A. Plate, directeur van de Rotterdamse Woningdienst, een van de spilfiguren in het Rotterdamse sociaal-culturele elitenetwerk, klaagde in die jaren erover dat 'je tegenwoordig 's avonds geen mensen meer bij elkaar krijgt, omdat ze in Wassenaar wonen'. Zonder meer droegen ook de aanleg en verbetering van openbare verbindingen, het snel toenemende gebruik van de automobiel en afschaffing van de forensenbelasting bij tot de bouw van villa's en villaparken, evenals nieuwe ideeën over gezond leven en wonen en een actieve beleving van tuin en landschap. Voor een uitverkoren groep werd buiten wonen een 'way of life'. Zowel Wassenaar als Den Haag stimuleerden het luxe wonen door lage belastingen en het aanbieden van redelijk betaalbare stukken grond in een landschappelijk of stedelijk aantrekkelijke omgeving.

Het gemeentelijke villadebat in het vroegtwintigste-eeuwse Rotterdam kent maar één motief: de bouw van aantrekkelijke

Villa Parks in Pre-War Rotterdam

Elly Adriaansz

In Rotterdam in the 1930s, four villas were built in the Dijkzigt Villa Park, a development in the centre of the city, in the shadow of the Boijmans Museum. One of these was the Kraaijeveld House named after the man who commissioned it and for whom it was built; it is now the Chabot Museum. Dijkzigt (despite its modest scale) was Rotterdam's most advanced villa development in the pre-war period, distinguished by its predominantly white-plastered houses fitted with steel window frames and generously proportioned balconies.

Villa development was a strategy to keep prosperous city-dwellers in their locality and was already a point of political and private debate in nineteenth-century Holland. In Rotterdam the discussion became particularly heated at the beginning of the twentieth century when the port expanded and the city grew correspondingly, driving many wealthy Rotterdammers elsewhere in search of attractive residential neighbourhoods. Paul van der Laar writes in this context that from 1880 onwards the city council focused single-mindedly on the development of Rotterdam as an international transit port, allowing the city's appearance and cultural life to fall into disrepair.

There are no statistics available for the number of people that left Rotterdam but it must have been substantial: the word 'exodus' crops up repeatedly until the 1930s. The Hague and the adjoining town of Wassenaar became the most popular alternatives to Rotterdam. A. Plate, director of Rotterdam's Housing Department and one of the key figures in Rotterdam's social and cultural networks, complained that 'nowadays you can't get people together in the evenings any more because they live in Wassenaar'. The building of villas, villa parks and country houses was undoubtedly spurred on by other developments, including the improvement of public transport, the rapid rise of the motorcar and abolition of commuter tax, as well as new ideas about healthy living and the active enjoyment of gardens and the outdoors. For a select few, setting up house in the countryside brought a new way of life. Both The Hague and Wassenaar encouraged the creation of luxurious homes by offering low taxes and affordably priced land in an attractive urban or rural setting.

The municipal debate about villas in early twentieth-century Rotterdam was driven by one motive only: the creation of attractive villa parks was needed to ensure that the business and cultural elite remained in the city, enhancing its appearance in the process. Official documents, however, appear to waver constantly between two pressing demands: one to provide more housing for the lower

villaparken moest de economische en culturele elite voor de stad behouden en het stedenschoon verhogen. Desondanks ademen de ambtelijke stukken permanente ambivalentie tussen twee dringende vraagstukken: stadsuitbreiding voor de lagere en middenklassen of villawijken voor de elite. Realisering van villabouw verliep vaak met een stroperige traagheid. Gemeentelijke financiële perikelen, andere prioriteiten en het moeizame proces van de ontwikkeling van stadsuitbreidingsplannen waren daar debet aan.

Binnen de gemeentelijke grenzen komen vanaf 1900 tot in de jaren dertig villaparken voor in de uitbreidingsplannen voor oostelijk Rotterdam (Kralingen) en het gebied van de zuidelijke Coolpolder, in de volksmond het Land van Hoboken geheten, een landgoed gelegen tussen het huidige Delfshaven en het centrum van Rotterdam. Zowel Kralingen (geannexeerd door Rotterdam in 1895) als het Land van Hoboken, midden in Rotterdam, stonden bekend om hun landelijke sfeer. In Kralingen lagen soms eeuwenoude buitenplaatsen en landhuizen, waar rijke Rotterdammers permanent woonden of in de zomer vertoefden. Vanwege het mooie geboomte ('hout'), de landschappelijke park- en tuinaanleg van de buitenplaatsen en de rustige atmosfeer waren het volgens particulieren en gemeentebestuurders ideale locaties om villabouw te situeren, vooral Kralingen was daar van oudsher voor geschikt. Desondanks werden van de verschillende plannen voor de bouw van villa's of villaparken die het gemeentebestuur van Rotterdam in de loop van de decennia ontwikkelden slechts een fractie gerealiseerd. Door particulier initiatief kwamen twee villaparken succesvol van de grond.

Villaparken in Kralingen: Honingen, Rozenburg, Kralingse Bos en 's-Gravenhof

Park Honingen in Kralingen, gelegen tussen de Oude Dijk en de Honinger Dijk, is genoemd naar het dertiende-eeuwse kasteel Honingen, dat ooit op deze plek stond. Gedurende

W.G. Witteveen, stedenbouwkundig plan 'Dijkzigt', 1927 (uitgevoerd). Villapark 'Dijkzigt' is gerealiseerd in de blauw gemarkeerde driehoek rechtsboven.
Collectie Gemeentearchief Rotterdam

and middle classes, the other to construct villas to accommodate the elite. The realization of villa developments tended to be excruciatingly slow due to the fluctuating financial circumstances of the council, conflicting priorities and the difficult process of agreeing on plans for expansion.

Between 1900 and the 1930s, various villa parks were planned within Rotterdam's city boundaries for the eastern district of Kralingen and the southern Coolpolder area, a country estate known to the populace as the Land van Hoboken, halfway between what is now Delfshaven and the centre of Rotterdam. Both Kralingen (annexed by Rotterdam in 1895) and the Land van Hoboken in the middle of Rotterdam were noted for their rural atmosphere. Kralingen included a number of country houses and estates, some of which were centuries old, where rich Rotterdammers spent the summer or lived all year round. Private entrepreneurs and local councillors felt that the beautiful, tranquil woods and landscaped gardens surrounding the country houses provided the ideal setting for villas. Kralingen especially had always seemed to be a district that lent itself to this purpose. In spite of this, only a fraction of the luxury homes and villa developments envisaged by the Rotterdam City Council over the decades were realized. Two villa parks were successfully launched through private initiatives.

Villa Parks in Kralingen: Honingen, Rozenburg, Kralingse Bos and 's-Gravenhof

Honingen Park in Kralingen, situated between Oude Dijk and Honinger Dijk, was named after a thirteenth century castle that once occupied the site. Extensive gardens, lakes, pavilions, lanes, orchards and country houses made up the terrain, which for two centuries belonged to the local council. In 1870 the council sold the land as a plot where villas could be built in order to raise money for new housing projects elsewhere in the rapidly expanding city.

In 1904 the builder and contractor J.E. Dulfer acquired the existing Nuova Villa with its gardens in Honingen. After prolonged negotiations with the council, Dulfer was granted permission to

W.G. Witteveen, extension plan for Dijkzigt, 1927 (realized). Dijkzigt Villa Park was built in the triangle marked blue in the top right section of the design.
Collection Gemeentearchief Rotterdam

twee eeuwen, tot 1870, was het terrein met zijn tuinen, vijvers, koepels en lanen, boomgaarden en buitenhuizen in bezit van de gemeente. In dat jaar verkocht ze het hele gebied als bouwterrein voor villa's om met de opbrengst daarvan de woningbouw in het snel groeiende Rotterdam te financieren.

In 1904 kwam de al bestaande villa Nuova in Honingen met de omliggende tuin in bezit van bouwondernemer J.E. Dulfer. Na lang onderhandelen met de gemeente kreeg Dulfer toe-stemming om in de tuin van zijn villa, gelegen aan de Kleine Vijver, negen villa's te bouwen. Ze werden tussen 1904 en 1908 gebouwd naar ontwerp van architect Jan van Teeffelen, sommige vrijstaand, andere geschakeld. Rond 1907 bouwde Van Teeffelen voor Dulfer ook een opvallend aaneengesloten blok witgestuukte panden in de gemeente Hillegersberg en later, in de jaren twintig, realiseerde hij een van de villa's in villapark Dijkzigt (zie hieronder). Dulfer was een groot bewon-deraar van componist Wagner en noemde zijn in strakke jugendstil ontworpen witte villa's in villapark Honingen naar de helden in Wagners opera's. Zijn eigen villa werd door Van Teeffelen gerestyled en kreeg de naam Wagner. Het verkavelde groepje villa's staat bekend als de Wagnerhof.

In 1911 werd de tussen de Oude Dijk en de Kralingse Plas gelegen achttiende-eeuwse buitenplaats Rozenburg, vanaf 1895 in bezit van de gemeente Rotterdam, bij raadsbesluit tot openbaar park en voor villabouw bestemd. Het door de gemeente ontworpen villaplan voor Park Rozenburg met majestueuze vrijstaande landhuizen en twee-onder-een-kap

Jan van Teeffelen, Villapark
Hillegersberg, ca. 1907
Foto: Collectie Gemeentearchief
Rotterdam

Jan van Teeffelen, Wagnerhof,
Kralingen, 1904-1908
Foto: Collectie Gemeentearchief
Rotterdam

Albert Otten, villabouw in Park
Rozenbrug, 1922 (gebombardeerd)
Uit: Moderne Bouwkunst in
Nederland 6. Het groote landhuis,
p. 31 (nr. 17)

build nine villas on the grounds of this house that was situated on the Kleine Vijver (Little Pond). The villas were designed by the architect Jan van Teeffelen and constructed between 1904 and 1908. Some were freestanding, others semi-detached. Around 1907, Van Teeffelen also designed a striking block of white-plastered properties in the municipality of Hillegersberg and in the 1920s he completed one of the villas in the Dijkzigt Villa Park. Dulfer was a great admirer of the composer Wagner and named his white villas in villapark Honingen, designed in an austere Jugendstil manner, after heroes from Wagner's operas. His own villa, which was restyled by Van Teeffelen, was called Wagner. The whole complex of villas came to be known as the Wagnerhof.

In 1911 the Rotterdam City Council decided that the eighteenth-century country estate of Rozenburg, owned by the council since 1895 and situated between the Oude Dijk and the lake known as the Kralingse Plas, was to become a public park in which new villas could be built. The council's plans for Rozenburg Park featured grand country mansions and semi-detached brick houses which were almost all built as planned, with the exception of the area around the square known as the Meckelenburgplein, where the design was adjusted to form a terrace of houses. The residence of Kees van der Leeuw, director of the Van Nelle factory, was situated at the far edge of Rozenburg Park. This famous example of the Nieuwe Bouwen style, the Dutch branch of the Modern Movement, was designed between 1928 and 1930 by the architecture firm Brinkman and Van der Vlugt. The property is part of the terrace that runs along the Kralingse Plaslaan.

Villa-Park. HILLEGERSBERG bij ROTTERDAM.

Jan van Teeffelen, Hillegersberg Villa Park, c. 1907
Photograph: Collection Gemeente-archief Rotterdam

Jan van Teeffelen, Wagnerhof, Kralingen, 1904-1908
Photograph: Collection Gemeentearchief Rotterdam

Albert Otten, villa construction in Rozenbrug Park, 1922 (bombed)
From: Moderne Bouwkunst in Nederland 6. Het groote landhuis, p. 31 (no. 17)

woningen in baksteen, is nagenoeg gerealiseerd, met uitzondering van de omgeving van het Meckelenburgplein, dat in
een gewijzigde vorm als een aaneengesloten ensemble is
gebouwd. Het woonhuis van Kees van der Leeuw, directeur
van de Van Nellefabriek, bevindt zich aan de uiterste rand van
Rozenburg. Dit beroemde voorbeeld van het Nieuwe Bouwen
werd tussen 1928-1930 ontworpen door bureau Brinkman en
Van der Vlugt. Het pand is onderdeel van de aaneengesloten
bebouwing langs de Kralingse Plaslaan.

In de verschillende ontwerpversies van het Bosch- en
Parkplan (Kralingse Bos), waaraan de gemeente vanaf 1908
werkte, komen in de beginfase villa's voor. Zo is het Bosch-
en Parkplan uit 1911 van G.J. de Jongh, dat de Kralingse Plas
omzoomd, ontworpen als een negentiende-eeuws park in de
traditie van de landschapsarchitect J.D. Zocher. In het park
bevinden zich tussen slingerende wandelpaden en bosquets
(kleine bospartijen), grote open plekken met losstaande en
gekoppelde villa's op een gebied van ca. 8 ha, die als rode
stipjes in het plan zijn gemarkeerd. De Jonghs landschappelijke ontwerp verbond het geboomte van Park Rozenburg,
direct gelegen aan de Plas, de Algemene Begraafplaats en
het verderop gelegen Park Honingen. In de latere plannen
staat het ontwerp voor het Kralingse Bos in het teken van
sportieve natuurbeleving met grote open speel- en ontspan-
ningsweiden en een omvangrijke bosaanleg, bestemd voor
de hele Rotterdamse bevolking. De villa's zijn dan verdwenen,
evenals de romantische parkaanleg met wandelpaden. Het
uiteindelijk gerealiseerde ontwerp voor het Kralingse Bos
(1933) is van ir. J. Bijhouwer en kwam tot stand onder supervisie
van ir. J.G. Witteveen, directeur Stadsontwikkeling. Het voorzag

G.J. de Jongh, Bosch- en Parkplan
(Kralingse Bos), 1911.
De Jongh ontwierp het plan als een
negentiende-eeuws landschapspark
in de traditie van landschapsarchitect
J.D. Zocher. Tussen de slingerende
wandelpaden en kleine bospartijen
bevinden zich grote open plekken
met losstaande en gekoppelde villa's
(niet gerealiseerd). Het in het plan
opgenomen villapark Rozenburg is
gedeeltelijk gerealiseerd.
Collectie Gemeentearchief
Rotterdam

In 1908 the council drew up the first of a series of designs for the Bosch and Park development (in the Kralingse Bos), which at that stage incorporated villas. Thus the 1911 Bosch and Park Plan by G.J. de Jongh for the area around the Kralingse Plas was designed as a nineteenth-century park in the tradition of landscape architect J.D. Zocher. The plan showed meandering footpaths and woodland groves with large open areas in between, extending overall to eight hectares, and containing freestanding and semi-detached villas, designated by red dots. De Jongh's design joined the trees lining the edge of the lake and the Algemene Begraafplaats (public cemetery) with Honingen Park, situated nearby. Later plans for the Kralingse Bos are dominated by the interests of leisure and nature with extensive tree planting and large open playing fields intended for public use. By this stage the villas have disappeared from the plans, as have the romantic parks with footpaths. The Kralingse Bos design that was eventually carried out (1933) was devised by city architect J. Bijhouwer and supervised by J.G. Witteveen, city architect and director of the Department of Urban Development. It included a series of detached villas mostly set by the side of the lake. The land was offered in plots of 5,000 m² at a relatively cheap rate per square metre. The large size of the plots, however, proved to be a significant disincentive to buyers. Ultimately, only two villas were built during the 1930s on the eastern bank of the Kralingse Plas, an area known as the Plaszoom: the first between 1935 and 1937 for J.G. Vaes, to a design by Brinkman and Van der Vlugt; the second in 1939 for F.W.H. van Beuningen designed by H. Sutterland.

The design for 's-Gravenhof Villa Park (1925) was followed almost to the letter when it was realized, as with Rozenburg Park. Its development was placed in the hands the 's-Gravenhof Corporation, which consisted of prominent Rotterdam citizens such as

G.J. de Jongh, design for Bosch and Park (Kralingse Bos), 1911. De Jongh's design envisaged a park in the nineteenth-century tradition of a kind constructed by the landscape architect J.D. Zocher. Large open areas with freestanding and semi-detached villas (not executed) are surrounded by woodland groves and connected by meandering footpaths. The plan incorporated Rozenburg Villa Park which was only partly realized.
Collection Gemeentearchief Rotterdam

in vrijstaande villabouw met name langs de randen van de plas. De aangeboden percelen hadden een omvang van 5000 m² en werden tegen een betrekkelijk goedkope vierkantemeterprijs aangeboden. De perceelgrootte vormde echter een belangrijke verkoopbelemmering. Uiteindelijk werden in de jaren dertig langs de oostelijke rand van het Kralingse Bos slechts twee villa's gebouwd: één voor J.G. Vaes en één voor F.W.H. van Beuningen, de eerste tussen 1935-1937 ontworpen door Brinkman en Van der Vlugt; de tweede door architect H. Sutterland in 1939.

Evenals Park Rozenburg is ook het ontwerp voor het villa-park 's-Gravenhof (1925) bijna geheel volgens plan gerealiseerd. Het werd ontwikkeld door de exploitatiemaatschappij N.V. 's-Gravenhof, bestaande uit Rotterdamse patriciërs, onder wie mr. K.P. van der Mandele, directeur van de Rotterdamsche Bank Vereeniging en zowel organisatorisch als idealistisch

Granpré Molière, Verhagen en Kok, woonhuis mr. K.P. van der Mandele in 's-Gravenhof, 1930
Uit: Moderne Bouwkunst in Nederland 6. Het groote landhuis, p. 25 (nr. 15)

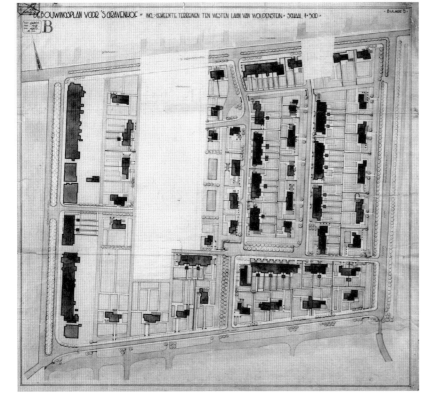

Granpré Molière, Verhagen en Kok, bebouwingsplan voor villapark 's-Gravenhof, 1925 (gerealiseerd)
Collectie Gemeentearchief Rotterdam

K.P. van der Mandele who was director of the Rotterdamsche Bank Vereeniging (Rotterdam bank society) and who was closely involved in planning and organizing the city's urban development.[1] His method was to 'raise funds from private individuals whenever local authorities fail to see the important issues, that is, lack "vision", or do not have the means to meet urgent demands'. Van der Mandele was a founding member of and driving force behind the 'N.V. Eerste Rotterdamsch Tuindorp' (first Rotterdam garden village corporation), which was in charge of realizing Vreewijk garden village on the south bank of the Maas river. Granpré Molière, Verhagen and Kok, the architecture practice that designed the first houses for this garden village also subsequently planned the suburb. There was a close working relationship between the offices of Granpré Molière and Van der Mandele.

The 's-Gravenhof Corporation commissioned the same architects to design their villa park on the stretch of land bounded by the

1. The 's-Gravenhof development corporation included the following board members: K.P. van der Mandele, director of the Rotterdamsche Bank Vereeniging; D. Crena de Jongh, president of the Nederlandsche Handel Maatschappij; D. Croll Jr; A.J.M. Goudriaan, ship-owner; G. van Sillevoldt and J. Hoey Smith, ship-owner. The solicitor H.M.A. Schadee acted as a consultant; the director was Walter Mees.

Granpré Molière, Verhagen and Kok, K.P. van der Mandele's house in 's-Gravenhof, 1930
Uit: Moderne Bouwkunst in Nederland 6: Het groote landhuis, p. 25 (no. 15)

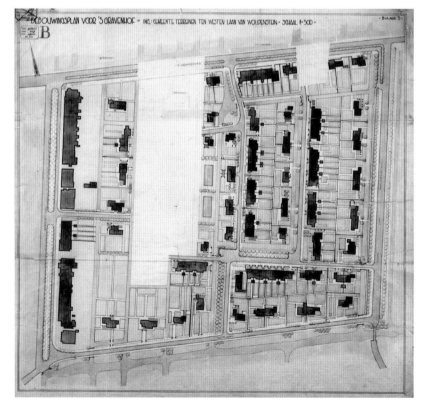

Granpré Molière, Verhagen and Kok, development plan for 's-Gravenhof Villa Park, 1925 (realized)
Collection Gemeentearchief Rotterdam

sterk betrokken bij de stadsontwikkeling van Rotterdam.[1] Zijn methode van aanpak was 'fondsvorming onder particulieren, wanneer de overheden óf de vraagstukken die aan de orde zijn, niet zien, dus "visie" missen, óf geen gelden ter beschikking hebben om in dringende noden te voorzien'. Hij was een van de oprichters en stuwende kracht van N.V. Eerste Rotterdamsch Tuindorp, dat tuindorp Vreewijk op de zuidelijke Maasoever realiseerde en waarvan het architectenbureau Granpré Molière, Verhagen en Kok de woningbouw en stedenbouw ontwierp. Tussen Granpré Molière en Van der Mandele bestond een uitermate hecht samenwerkingsverband.

Voor 's-Gravenhof ontwierp het architectenbureau het gelijknamige villapark, dat wordt begrensd door de 's-Gravenweg, het gebied van het toenmalige sanatorium Vredeoord (de huidige Kuyls Fundatie), de Groene Wetering en de Laan van Woudestein. Om dit plan te realiseren, stond de gemeente een groot stuk grond af. Aan de randen van het rechthoekige terrein bevinden zich losstaande villa's met ruime tuinen. In het middengebied liggen plantsoenen en gemengde bebouwing met twee-onder-een-kapwoningen, afgewisseld met huizenblokken. De exploitatiemaatschappij stelde aan de kopers strenge eisen van welstand bij bebouwing. Anders dan de eerder genoemde villaplannen is 's-Gravenhof niet aangelegd op de 'historische grond' van een oude buitenplaats maar op weiland, reden dat het een modern ogende villawijk is met een recht stratenplan.

Villaparken rondom de Westzeedijk (Muizenpolder en Dijkzigt)
Interessant in deze context is Granpré Molières villaplanontwerp uit 1917 voor de voormalige buitenplaats Schoonoord,

1. De exploitatiemaatschappij N.V. 's-Gravenhof bestond uit de volgende commissarissen: mr. K.P. van der Mandele, directeur van de Rotterdamsche Bank Vereeniging; mr. D. Crena de Jongh, president van de Nederlandsche Handel Maatschappij; D. Croll jr.; A.J.M. Goudriaan, reder; G. van Sillevoldt Gzn. en J. Hoey Smith, reder. Als adviseur trad op mr. H.M.A. Schadee, notaris; directeur was Walter Mees.

L.C. van der Vlugt, villa voor H.J. Boevé (Museumpark 9) in Dijkzigt, 1931-1933. Opname ca. 1934
Foto: NAi, Rotterdam, archief Brinkman & Van der Vlugt (nr. 34)

's-Gravenweg, the Groene Wetering, the Laan van Woudestein and the area that used to be the site of the Vredeoord Sanatorium (now the Kuyls Foundation). So that this place could be realized, the council disposed of a large chunk of land. The perimeter of the square area of land is occupied by detached villas with generous gardens, while semi-detached houses and terraces line the public gardens at the centre. The development corporation imposed stringent planning regulations on buyers. Unlike earlier villa developments, 's-Gravenhof was not built on the 'historic grounds' of an old country estate but on pastureland, which explains its modern appearance and the grid plan of its streets.

Villa Parks Around Westzeedijk (Muizenpolder and Dijkzigt)
For the architectural developments that took place around Rotterdam's Westzeedijk it is worth taking a closer look at the plans that Granpré Molière and Verhagen drew up in 1917 for the villa park on the former country estate of Schoonoord. This area stands in the western part of the Muizenpolder district between the Park-laan and the southern end of the Westzeedijk. The plans were commissioned by the Schoonoord Development Corporation, which had bought the estate the previous year. Granpré Molière and Verhagen adhered to the existing park structure by positioning eight detached mansions around two villas at the centre of the plot. The plan contained terraced housing along the Westzeedijk. With the exception of the row of elegant terraced houses along the Westzeedijk and the villa of the Jamin family on the Parklaan, the plan was abandoned. In the 1920s, part of the estate was sold off to J. Mees. The estate has since been converted into Schoonoord Public Park.
    The Dijkzigt Villa Park, situated in the Museumpark district on the northern edge of the Westzeedijk, is built on a segment of what

L.C. van der Vlugt, villa for H.J. Boevé (Museumpark 9) in Dijkzigt, 1931-1933. Photograph taken c. 1934
Photograph: NAi, Rotterdam, Brinkman & Van der Vlugt Archive (no. 34)

in het westelijk deel van de Muizenpolder tussen de zuidzijde
van de Westzeedijk en de Parklaan. De ontwerpopdracht kwam
van de gelijknamige Exploitatiemaatschappij Schoonoord, die
de buitenplaats een jaar daarvoor had gekocht. Granpré
Molière handhaaft in zijn ontwerp de bestaande parkstructuur
en plaatst daarin rond twee centraal gelegen villa's acht losstaande. Langs de Westzeedijk tekent hij gesloten bebouwing.
Met uitzondering van de rij aaneengesloten herenhuizen langs
de Westzeedijk en de villa van de familie Jamin langs de Park-
laan, is het plan niet gerealiseerd. In de jaren twintig werd een
deel van de buitenplaats gekocht door J. Mees. De buitenplaats is nu openbaar park Schoonoord.

Het villapark Dijkzigt, onderdeel van het Museumpark en
gelegen aan de noordzijde van de Westzeedijk, is gebouwd
op een klein deel van voormalig landgoed Land van Hoboken,
dat vanaf 1850 in bezit was van de Rotterdamse handelsfamilie
Van Hoboken. Het was een aantrekkelijk gebied voor diverse
stadsuitbreidingsplannen voor het snel groeiende Rotterdam,
met of zonder villa's, zoals het plan van A.C. Burgdorffer
(directeur van de dienst Gemeentewerken). In 1924 kwamen
het landgoed met de buitenplaats Dijkzigt en de uitgestrekte
weilanden in bezit van de gemeente, die het gebied een
representatieve bestemming gaf naar ontwerp van
ir. W.G. Witteveen in 1927. De waaiervormige planstructuur met
diepteperspectief omvatte parkaanleg met waterpartijen, enige
monumentale accenten (o.a. Museum Boijmans) en omringende
aaneengesloten bebouwing voor de middenklasse. In een
latere fase werd het driehoekige terrein tegenover het museum
bestemd voor luxueuze bouw voor de vermogende burger.

Vanwege de financiële crisis eind jaren twintig bracht de
gemeente het oorspronkelijke ontwerp met geschakelde villa's

H. Kammer, villa voor P. van der
Meer (Jongkindstraat 16) in Dijkzigt,
1957-1958
Foto: courtesy A.E. Hoffmann-van
der Meer, Roosendaal (nr. 1)

used to be the Land van Hoboken estate. From 1850 it was the property of the Van Hobokens, a family of Rotterdam merchants. It was also an area that was attractive for various urban expansion plans for the fast-growing city of Rotterdam, with or without villas, including one drawn up by the director of the Public Works Department, A.C. Burgdorffer. In 1924, the estate, including Van Hoboken's Dijkzigt villa and the extensive pastures, was acquired by the council, and in 1927 it was decided to adopt the plan by city architect W.G. Witteveen to turn the estate into an upmarket neighbourhood. Witteveen proposed a fan-shaped layout offering vistas of landscaped gardens with water features and one or two monumental landmarks (notably the Boijmans Museum); he surrounded the park with terraced housing for the middle-class occupants. At a later stage, the triangular plot opposite the museum was earmarked for well-designed homes for the well-to-do.

The financial crisis of the late 1920s forced the council to scale down the original plans for semi-detached villas and elegant town houses to just a few detached villas. The council also rescinded its condition that buyers build according to plans by the architects Brinkman and Van der Vlugt. Strict planning regulations remained in force, however, stipulating that no sale could be concluded without the council's approval of the façade.

Between 1932 and 1933 Brinkman and Van der Vlugt constructed two very modern villas in the international style: one for Dr H.J. Boevé, the other for Albert Sonneveld, co-director of the Van Nelle factory.

The villa for J.C. Kraaijeveld, a member of the board of directors of the Adriaan Volker dredging company in Sliedrecht, was built in a similar style. It was conceived between 1938 and 1939 by the architects Gerrit Baas and Leonard Stokla. The odd one out in this cluster was Jan van Teeffelen's villa for the well-known Rotterdam

H. Kammer, villa for P. van der Meer (Jongkindstraat 16) in Dijkzigt, 1957-1958
Photograph: courtesy
A.E. Hoffmann-van der Meer, Roosendaal (no. 1)

en herenhuizen terug tot vrijstaande bebouwing van enkele villa's. Ook werd het gemeentelijke dictaat aan de kopers om met architectenbureau Brinkman en Van der Vlugt in zee te gaan losgelaten. De welstandseisen bleven echter streng: definitieve koop gold pas na gemeentelijke goedkeuring over de gevels.

In de jaren 1932-1933 bouwden Brinkman en Van der Vlugt twee zeer moderne villa's in de stijl van de internationale zakelijkheid: één voor de arts H.J. Boevé, de andere voor Albert Sonneveld, mededirecteur van de Van Nellefabriek. Overeenkomstig in stijl is de villa die in opdracht van J.C. Kraaijeveld, lid van de directie van baggermaatschappij Adriaan Volker in Sliedrecht. Deze villa werd in 1938-1939 ontworpen door architecten Gerrit Baas en Leonard Stokla. Een fremdkörper in dit gezelschap was de villa van de bekende Rotterdamse juwelier Peter Merkes, die tussen 1932 en 1934 door Jan van Teeffelen werd gebouwd. De blokachtige, luxueuze villa met loggia aan de voorzijde en Weense kenmerken, was uitgevoerd in baksteen en ontworpen als 'tempel' voor de schilderijverzameling van Merkes. Het gebouw was in wezen een 'aanpassing' aan de baksteenarchitectuur van het daar tegenover gelegen Museum Boijmans. In de jaren zestig is de villa verbouwd en witgestuukt en heeft zich daarmee opnieuw geconformeerd, nu aan de architectuur van de drie vooroorlogse zakelijke woonhuizen.

Na de oorlog gaf arts P. van der Meer aan architect Harry Kammer opdracht voor de bouw van een sobere villa in zakelijke stijl (1957-1958). In 1960-1961 werd de laatste villa op Dijkzigt gerealiseerd. Bouwheer was arts J.H. ten Kate, architect Ernest Groosman.

Achteraf beschouwd is villapark Dijkzigt architectonisch het modernste villaparkje dat in de jaren voor de Tweede Wereldoorlog in het Rotterdamse werd gerealiseerd en het enige dat in het stadscentrum werd gebouwd. Dit keer niet binnen de directe omgeving van de historische landgoederensfeer rond de villa van Hoboken aan de Westzeedijk, maar omringd door gebouwen die kunst en industrie vertegenwoordigen en waarmee Rotterdam zich toen als 'modern city' profileerde: het Museum Boijmans en het nabijgelegen Unilevergebouw.

jeweller Peter Merkes, built between 1932 and 1934. This cube-shaped villa with a pergola to the front and Jugendstil features was constructed in brick and conceived as a 'temple' for Merkes's art collection. The brick walls were in essence an 'adaptation' to fit in with the brick architecture of the Boijmans Museum opposite. In the 1960s the villa underwent extensive alterations and was given a coat of white plaster, this time to fit in with the architecture of the three pre-war, functionalist houses that surrounded it.

After the war a doctor, P. van der Meer, commissioned architect Harry Kammer to build a simple villa in the functionalist style (1957-1958). The fourth and final Dijkzigt villa was commissioned by Dr J.H. ten Kate; it was constructed between 1960 and 1961. The architect was Ernest Groosman, who was also responsible for extending the present Chabot Museum in the 1970s.

With hindsight, the Dijkzigt Villa Park was architecturally the most 'modern' villa park to be realized in Rotterdam in the years just before the Second World War. It was the only one to be built in the city centre, and it was not in the immediate vicinity of the Van Hoboken estate on the Westzeedijk with its historic associations, but amid buildings representing art and industry, such as the Boijmans Museum and the nearby Unilever Building – buildings with which, at the time, Rotterdam proudly presented itself as a 'modern city'.

Een kubische witte villa in 'style paquebot' Het behoud van huis Kraaijeveld als Chabot Museum

Joris Molenaar

Hoeksteen in villapark Dijkzigt

In de tweede helft van de jaren dertig van de twintigste eeuw lag het terrein van het villaparkje Dijkzigt er nog kaal bij. Van de drie gebouwde woonhuizen sloot het huis Merkes aan bij de baksteenarchitectuur van Museum Boijmans, maar de villa's van Sonneveld en Boevé zweefden als witte kubische fremdkörper in het groen van de jonge tuinen en het nieuwe parklandschap. Het moderne villapark dat door vooruitstrevende personen binnen de Rotterdamse burgerij bij het stadsbestuur was bepleit, kwam nog niet echt van de grond. Het uit 1927 stammende bebouwingsplan Dijkzigt was speciaal aangepast ten behoeve van villabouw aan de Jongkindstraat en de Mathenesserlaan. Architecten J.A. Brinkman en L.C. van der Vlugt schetsten vanaf mei 1928 diverse ontwerpen voor villapark Dijkzigt, waarbij voorbeeldwijken van de modernste architectuur zoals de Weissenhoffsiedlung (1927) in Stuttgart hen voor ogen stonden. In 1933 waren nog slechts twee van hun ontwerpen gerealiseerd. Het was een geluk dat de directeur van baggermaatschappij Volker C.H. Kraaijeveld en zijn vrouw eind 1937 serieus tot de bouw van een moderne witte villa besloten op de hoek van de Jongkindstraat en de Mathenesserlaan. Deze derde witte villa heeft het kleine villapark als hoeksteen gemarkeerd, waardoor het karakter van het wijkje in de plannen na de oorlog overeind bleef.

Een 'practisch, niet te modern huis te Rotterdam'

Kraaijeveld was geen vreemde in het Rotterdamse. Het echtpaar woonde aan de 's-Gravendijkwal 57. Hij was ingevoerd in gemeentelijke kringen door zijn werk en kende zo waarschijnlijk ook stedenbouwkundige J.G. Witteveen persoonlijk. Kraaijeveld en zijn vrouw waren al op leeftijd en kampten met gezondheidsproblemen toen zij besloten om een nieuw huis te laten bouwen. Het betrof dus een woonhuis voor een echtpaar waarvan de kinderen uit huis waren, dat comfortabel te bewonen moest zijn. Zoon ir. J. Kraaijeveld hielp bij de planvoorbereiding. Bij het zoeken van een geschikt bouwterrein

A White Cubist Villa in 'Paquebot Style' Preserving the Kraaijeveld House as the Chabot Museum

Joris Molenaar

The Cornerstone of the Dijkzigt Villa Park

In the second half of the 1930s, the site known as the Dijkzigt Villa Park was still quite bare. Of the three dwellings built, the one for Peter Merkes was in keeping with the brick architecture of the Boijmans Museum, but the two villas built for the Sonneveld and Boevé families floated like white, cubist fremdkörper amid the greenery of the newly laid out gardens and parkland. This small, ultra-modern housing development, which progressive citizens of Rotterdam had urged the city council to accept, had still not got off the ground. The building plans for the Dijkzigt, dating from 1927, had been specifically modified to take the houses on Jongkindstraat and Mathenesserlaan into account. After May 1928, the architects Johannes Brinkman and Leendert van der Vlugt made various sketches for the Dijkzigt Villa Park, inspired by model developments of modernist architecture like the Weissenhoffsiedlung (1927) in Stuttgart. By 1933, only two of their designs had been built. It was fortunate that the director of the Volker Dredging Company, C.H. Kraaijeveld, and his wife were in earnest when, late in 1937, they decided to have a modern white villa built on the corner of Jongkindstraat and Mathenesserlaan. This third white villa was the cornerstone of the small parkland development, so that after the Second World War the character of this intimate neighbourhood remained intact in post-war planning.

A 'Practical, Not Too Modern House, in Rotterdam'

Kraaijeveld was no stranger to Rotterdam: he and his wife lived on 's-Gravendijkwal at number 57. He was well connected in local government circles through his work and in this way probably knew city planner J.G. Witteveen personally. Kraaijeveld and his wife were already getting on in years and struggling with health problems when they decided to have a new house built. Thus it was to be a comfortable house for a couple whose children had left home. Their son J. Kraaijeveld, an engineer, helped with the initial plans. They engaged the architect Gerrit W. Baas (1897-1977), who had remodelled their bathroom in 1933, to find a suitable building plot. Initially, their son spent the summer of 1937 looking for a site in

betrokken ze architect Gerrit (W.) Baas (1897-1977), die in
1933 hun badkamer had verbouwd. Aanvankelijk zocht de
zoon in de zomer van 1937 een bouwterrein in Wassenaar,
wat in die jaren gebruikelijk was voor welgestelde
Rotterdammers, maar mevrouw Kraaijeveld besloot om toch
in Rotterdam te blijven. J. Kraaijeveld meldde op 22 september
in een brief aan de architect dat zijn moeder niet akkoord ging
met een huis in Wassenaar, maar 'zich wel [zou] kunnen
verenigen met een practisch, niet te modern, huis te Rotterdam.
Ons oog is nu gevallen op 't terrein hoek Mathenesserlaan-
Jongkindstraat (dus tegenover het nieuwe museum) of een
ander stukje grond op Hoboken. (...) Eerst wanneer mijn
moeder zich met een dergelijke woning zou kunnen verenigen
zou tot bouwen kunnen worden besloten.'

Baas antwoordde: 'Voor de plannen te Rotterdam houd ik
mij gaarne aanbevolen. Op de percelen in Dijkzicht (Hoboken)
zal wel degelijk modern gebouwd moeten worden, gezien de
reeds uitgevoerde plannen van de Heeren Brinkman en
v.d. Vlugt.' Bij Gemeentewerken stelden zij zich eind september
1937 op de hoogte van de mogelijkheden en al gauw werd er
besloten om het terrein Mathenesserlaan 11 op de hoek van
de Jongkindstraat in optie te nemen. In oktober 1937 maakte
Baas de eerste schetsen voor het woonhuis, terwijl hij werk-
zaam was als uitvoerend architect bij de bouw van het Museum
Kröller-Müller in Otterlo. Dit is waarschijnlijk de reden dat
Kraaijeveld en Baas de Rotterdamse architect Leonard Stokla
benaderden om als co-architect te fungeren bij de bouw van
het woonhuis. Stokla (1893-1983) was chef de bureau geweest
van de bekende architect Willem Kromhout en als uitvoerend
architect betrokken bij de bouw van het in zakelijk-moderne
stijl ontworpen beursgebouw van architect J.F. Staal aan de
Rotterdamse Coolsingel: een degelijk vakman dus, met erva-
ring met moderne functionalistische bouw. Vanaf december
1937 werken Baas en Stokla samen voor Kraaijeveld.

Architect Gerrit Baas
Het villaterrein Dijkzigt was voor Gerrit Baas bekend terrein. Hij
had tijdens zijn dienstverband bij Brinkman en Van der Vlugt

G.W. Baas, huis Knip, Hoek van
Holland, 1933, zijaanzicht
Foto: archief C. Baas

G.W. Baas, huis Knip, Hoek van
Holland, 1933, vooraanzicht
Foto: archief C. Baas

Wassenaar, at the time the traditional place for wealthy Rotterdammers to live, but in the end Mrs Kraaijeveld decided to stay put in Rotterdam. In a letter to the architect, dated 22 September, J. Kraaijeveld wrote that his mother was against a house in Wassenaar, but, 'Would settle for a practical, not too modern house, in Rotterdam. We now have our eye on a plot on the corner of Mathenesserlaan and Jongkindstraat (opposite the new museum), or another piece of land on Hoboken. (…) As soon as my mother can agree on such a house, we can decide to start building.'

In reply, Baas notes: 'For the Rotterdam plans I would be pleased to put myself forward. It will certainly have to be a modern building for the plots in Dijkzigt (Hoboken), in view of the already executed designs of Messrs Brinkman and van der Vlugt.' In late September 1937 they approached the public works regarding the possibilities and it was quickly decided to have an option on a plot on Mathenesserlaan, number 11, on the corner of Jongkindstraat. A month later, Baas drew up the first sketches for the dwelling, while working as executive architect on the construction of the Rijksmuseum Kröller-Müller in Otterlo. This is probably the reason Kraaijeveld and Baas approached Rotterdam architect Leonard Stokla to act as co-architect on the house. Stokla (1893-1983) was head of the architecture practice of well-known architect Willem Kromhout, and as executive architect had been involved with the building of the functionalist-style stock exchange by architect J.F. Staal on Rotterdam's Coolsingel. Thus he was a kindred professional with experience in modern, functionalist design and from December 1937 he and Baas worked together on the house with Kraaijeveld.

Architect Gerrit Baas

The Dijkzigt housing development land was already known to Gerrit Baas. While employed by Brinkman and Van der Vlugt (from October 1923 to January 1932) he had already worked on plans for the plots of land and on various sketches the practice had made for the residential development. He had also contributed to similar sketches for the neighbouring houses for the Sonneveld and Boevé families (whose houses were built from 1929 to 1933 and from 1931 to 1933 respectively), but had left the practice before these building

G.W. Baas, Knip House, Hook of Holland, 1933, side elevation
Photograph: C. Baas Archive

G.W. Baas, Knip House, Hook of Holland, 1933, front elevation
Photograph: C. Baas Archive

(oktober 1923-januari 1932) meegewerkt aan de verkavelings-
plannen en diverse schetsontwerpen die dit bureau voor het
villaparkje maakte. Ook aan schetsontwerpen voor de buur-
huizen Sonneveld (1929-1933) en Boevé (1931-1933) had Baas
bijgedragen, maar hij vertrok voordat deze bouwplannen
definitief waren. Hij was dus goed op de hoogte van de
ambities en bebouwingsvoorschriften die voor het villapark
golden: er werd hier een witte kubische architectuur nage-
streefd van vrijstaande villa's in een gestaffelde verkaveling.
Het hoekperceel tegenover Museum Boijmans was in het
verleden al onderwerp van studie geweest in relatie tot het
entreegebied van het museum, en bij het ontwerp van huis
Kraaijeveld zou dit weer naar voren komen. Naast het stedenbouwkundig ontwerp voor het terrein zou in de tweede helft
van de jaren dertig ook de oorlogsdreiging medebepalend
worden voor de plannen. Zo werd er van het begin af rekening
gehouden met richtlijnen van de luchtbeschermingsdienst over
inrichting van bomvrije gasdichte schuilplaatsen in woonhuizen.

Hoewel Baas als jonge ontwerper de rechterhand van Van
der Vlugt was geweest voor de plannen van verschillende
woonhuizen en culturele gebouwen in plan Dijkzigt, kon dit
bureau hem tijdens de teruggang begin jaren dertig niet in
dienst houden als gevolg van de economische wereldcrisis van
1929. Baas werd januari 1932 ontslagen en begon een eigen
bureau in Hoek van Holland. Hij bouwde daar aan de
's-Gravenzandscheweg een woonhuis met praktijk voor de arts
Knip (1933) en een zilverkleurig kubusvormig houten huisje
voor de familie Lanser (1933) aan de Strandweg. Zijn
architectuur sloot naadloos aan bij de ontwerpen die hij bij
Brinkman en Van der Vlugt gewend was te maken. Het waren
composities van rechthoekige strakke blokjes met een zakelijk-
functionalistische plattegrondindeling en raamplaatsing. Ze
tonen nog niet de schwung en elegantie die het huis
Kraaijeveld later kreeg. Er is ook nog sprake van een woonhuis
dat Baas ontwierp voor de familie Mens in het Belgische
Brasschaat, maar daar is verder niets over bekend.

Toen het echtpaar Kraaijeveld het initiatief nam een huis te
laten bouwen, verbleef Baas in Otterlo. Hij was daar in 1936
naartoe getrokken om als uitvoerend architect leiding te geven
aan de bouw van het 'provisorische' Rijksmuseum Kröller-
Müller naar ontwerp van de toen 73-jarige beroemde Belgische
architect Henry van de Velde. Hoe Baas deze betrekking kreeg
is niet bekend. Van de Velde was in 1919 door het miljonairs-
echtpaar Kröller-Müller, eigenaren van Rotterdamse rederij
Wm.H. Müller, benaderd als architect voor hun privémuseum
op de Hoge Veluwe en voor het ontwerp van villa Groot
Haesebroek in de duinen van Wassenaar. Van de Velde zou tot
juni 1926 als privé-architect in dienst blijven en verschillende

plans were finalized. Thus he was well aware of the ambitions for the site and the attendant building regulations. The aim was to have detached villas in a white, cubist building style in graded plots. The corner plot, opposite the Boijmans Museum, had already been a subject of study in the past in relation to the entrance area of the nearby museum and would again come up during the designing of the Kraaijevelds' house. As well as the urban development plan for the piece of land, the threat of war in the second half of the 1930s was also a contributing factor to the development scheme. For instance, from the outset, directives from the Air Raid Defence Service on setting up bomb and gas-proof shelters in residential dwellings had to be taken into account.

While Baas, as a young designer, had been Van der Vlugt's right-hand man in drawing up plans for various houses and cultural centres for the Dijkzigt project, during the downturn of the early 1930s, following the world economic crisis of 1929, the practice could not afford to keep him on. Baas was made redundant in January 1932 and then set up his own practice in the Hook of Holland. There he built a house and surgery for a Dr Knip on 's-Gravenzandscheweg (1933) and a silver, cube-shaped house in wood for the Lanser family on Strandweg (1933). His architecture fit in seamlessly with the designs he was used to making for Brinkman and Van der Vlugt: groupings of rectangular, clean-cut blocks with a pared-down, functionalist floor plan and window placement. However, these did not yet have the verve and elegance of the later Kraaijeveld house. Baas, apparently, also designed a house for the Mens family in Brasschaat, Belgium, but nothing more is known about this.

When the Kraaijevelds had the idea to build their own house, Baas was living in Otterlo. He had been drawn to the village in 1936 in order, as executive architect, to oversee the building of the 'temporary' Kröller-Müller Museum, based on a design by the famous Belgian architect Henry van de Velde, then 73 years old. However, it is not known how Baas actually got this appointment. In 1919 the Kröller-Müllers, a millionaire couple and owners of the Rotterdam shipping company Wm. H. Müller, approached Van de Velde and asked him to be the architect of a private museum they were planning to build in the Hoge Veluwe and also to design a villa for them (known as Groot Haesebroek) in the dunes of Wassenaar. Van de Velde was to remain in their employ as private architect until June 1926 and executed various other works for their company, but these two main projects were postponed due to the economic downturn. In an agreement reached with the Dutch government to settle their spiralling tax arrears, the Kröller-Müllers agreed to hand over their art collection to the state and to have it publicly housed in a 'transitional' museum in Otterlo. This plain, temporary museum was likewise designed by Van de Velde. The fact that Baas was the executive architect for the project is possibly down to personal recommendation on the part of the Rotterdam bourgeoisie.

andere werken voor de firma uitvoeren, maar de realisatie van de twee hoofdwerken werd door de economische terugval uitgesteld. In de overeenkomst die de Kröller-Müllers met de Nederlandse staat sloten ter afwikkeling van hun torenhoog opgelopen belastingschuld werd afgesproken om de kunstverzameling aan de staat over te dragen en voor het publiek onder te brengen in een 'overgangsmuseum' in Otterlo. Dit versoberde, tijdelijke museumgebouw werd eveneens door Van de Velde ontworpen. Dat Baas daarvoor uitvoerend architect werd, is wellicht te danken aan voorspraak in kringen van de Rotterdamse burgerij.

Baas' persoonlijk contact met de grote Henry van de Velde was volgens overlevering hartelijk en zal zeker invloed op hem hebben gehad. Van de Velde, die als architectuurvernieuwer naam had gemaakt in de periode van de art nouveau, was eind jaren twintig een duidelijk modernistische richting ingeslagen met zijn eigen woonhuis te Tervueren (1927-1928) en meerdere opdrachten in België in die jaren. Opmerkelijk is dat Van de Velde niet alleen de kubische massaopbouw en horizontale

G.W. Baas, huis Lanser, Hoek van Holland, 1933
Archief C. Baas

H. van de Velde, uitvoerend architect G.W. Baas, Rijksmuseum Kröller-Müller, 1936-1938, entree
Foto: Kröller-Müller Museum, Otterlo

It is acknowledged that Baas had a warm contact with the great Henry van de Velde and he would undoubtedly have been influenced by the older architect. By the late 1920s, Van de Velde, who had gained a reputation as an architectural innovator of the art nouveau period, had clearly taken a modernist direction, with his own house in Tervueren (1927-1928) and with several commissions he designed in Belgium around the time. It is striking that Van de Velde not only used the cubist building form and horizontal composition of window strips and concrete awnings, but often gave elegant rounded curves to a volume, the shape of an awning and the window detailing. This architecture was similar to the Dampfermotiv or paquebot style, fashionable in modern architecture of the 1930s, which had been initiated by architects like Le Corbusier.

The Kraaijeveld House: The Result of a Duel Influence on Its Design
The design that Baas made for Kraaijeveld in 1937 had a functional layout and a modern cubist composition. Its most distinctive feature was the rounded curves of the roof terrace and large balcony with an awning on the first floor. In mid-December, certain functional

G. W. Baas, Lanser House, Hook of Holland, 1933
C. Baas Archive

H. van de Velde, project architect G.W. Baas, Rijksmuseum Kröller-Müller, 1936-1938, entrance
Photograph: Kröller-Müller Museum, Otterlo

compositie van raamstroken en betonluifels gebruikte, maar vaak elegante afrondingen in massa, luifelvorm en raamdetailleringen toepaste. Deze architectuur heeft overeenkomsten met het 'Dampfermotiv' of de 'style paquebot', die in de jaren dertig een trend vormde in de moderne architectuur in navolging van onder anderen Le Corbusier.

Het ontwerp voor huis Kraaijeveld: resultaat van een dubbele beïnvloeding

Het ontwerp dat Baas in oktober 1937 voor Kraaijeveld tekende, heeft een zakelijke opzet en een modern kubische compositie. Meest beeldbepalend is de ronding van het terras en het grote balkon met luifel op de eerste verdieping. Vervolgens werden er medio december functionele verbeteringen in het plan doorgevoerd, waarbij het iets naar buiten uitkragende afgeronde trappenhuis werd voorgesteld met daaronder de dienstentree. De keuken en de werkkamer van de heer des huizes werden omgewisseld, waardoor er een directe relatie keuken-dienkeuken-eetkamer ontstond en de werkkamer via het secretariaat direct vanaf de entree bereikbaar werd zonder het huis binnen te hoeven gaan. Op verzoek van Kraaijeveld kreeg de werkkamer wel een uitgebouwd zitje in de vorm van een halfronde erker aan de noordwestzijde van het huis om op de straat te kunnen kijken. Juist deze toevoegingen gaan voort op de joyeuze compositie van het ronde terras met balkon en luifel aan de zuidzijde en de halfronde dakopbouw, de architectonische thematiek die vanaf het eerste ontwerp het huis zijn karakteristieke scheepsuitstraling heeft gegeven, evenals dit bij huis Sonneveld het geval is.

H. van de Velde, La Nouvelle Maison, eigen woonhuis architect in Tervueren, 1927-1928
Foto: Klassik Stiftung Weimar (Archiv WVZ/Sembach)

improvements were carried out in the design: a slightly protruding curved staircase was proposed with a service entrance beneath it. The kitchen and study of the 'master of the house' were swopped so that a direct link was created between kitchen, serving kitchen and dining room, while the study was reached directly via the office from the entrance without having to enter the house itself. At Kraaijeveld's request the study was given a semicircular bay window with a seat on the northwest side of the house so that the street could be seen. In fact these additions are a continuation of the delightful composition of the curved roof terrace with balcony and awning on the south side and the semicircular roof construction – an architectural theme which gave the villa its typical <u>paquebot</u>-style appearance, like the neighbouring Sonneveld house.

Meanwhile architect Leonard Stokla became involved in the project. In mid-December he was engaged in talks with the city council and suggested the drawings should now bear the inscription 'G.W. Baas and L. Stokla – Architects'. Stokla had direct contact with urban planner W.G. Witteveen and city architect A. van der Steur, both of whom had to agree on the design before a definite offer of land could be made. On Sunday, 6 February 1938, the architects discussed the final design with Kraaijeveld before sub-mitting it a few days later to the city council for approval, accompanied by two perspective drawings which showed the composition to its best advantage. Initially, the distinctive curved protruding balcony of the house met with objections in relation to the view from the Boijmans Museum. Baas, however, refused to 'spoil' the design by leaving off the curve or replacing the closed balustrade with an open railing. Stokla pressed for tactful discussion on the issue, while Kraaijeveld exercised his influence on the members of

H. van de Velde, La Nouvelle Maison,
architect's house in Tervueren,
1927-1928
Photograph: Klassik Stiftung Weimar
(Archiv WVZ/Sembach)

Intussen was architect Stokla bij het project betrokken. Die
voerde medio december de gesprekken met de gemeente en
stelde voor om verder onder de tekeningen te zetten:
Architecten G.W. Baas en L. Stokla. Stokla had direct contact
met stedenbouwkundige Witteveen en stadsarchitect A. van
der Steur, die beiden akkoord moesten geven op het ontwerp
voordat de grondaanbieding definitief kon worden. Zondag
6 februari 1938 bespraken de architecten bij Kraaijeveld het
definitieve ontwerp en dienden het enige dagen later ter
goedkeuring in bij de gemeente, voorzien van twee perspec-
tieftekeningen die de compositie goed lieten uitkomen.
Aanvankelijk stuitte het karakteristieke overkragende ronde
balkon op bezwaar in verband met het zicht vanuit Museum
Boijmans. Baas weigerde echter het ontwerp te verminken
door de ronding er af te laten of de gesloten borstwering te
vervangen door een open hekwerk. Stokla drong aan op
diplomatiek overleg en Kraaijeveld liet zijn invloed werken op
de leden van de Commissie voor Advies omtrent de toepassing
van de Welstandsbepaling in de Bouw- en Woonverordening.
Uiteindelijk werd er van het ontwerp een maquette gemaakt,
die Kraaijeveld aan burgemeester en wethouders wilde tonen.
Van der Steur ontraadde dit, 'aangezien het verzoek advi-
serend maar niet eischend was. De grond was verkocht tegen
de wil van enige commissieleden, hunnerzijds moesten B.en W.
nu ook maar doen, wat zij zelf wenschten'. Zo was de houding
van de commissieleden volgens Van der Steur. Vervolgens gaf
Witteveen aan dat het plan zo akkoord was en bleef het balkon
ongewijzigd, tot grote tevredenheid van architect en opdrachtgever.

G.W. Baas, woonhuis Kraaijeveld,
1938, vooraanzicht
Foto: Collectie Gemeentearchief
Rotterdam

the advisory committee regarding the interpretation of regulations in planning and building legislation. Finally, a model was made of the design, which Kraaijeveld wanted to show to the mayor and aldermen but Van der Steur advised against this: 'Seeing that the request was an advisory one and not a requirement. The land was sold against the wishes of certain committee members, so for their part the mayor and aldermen should now do what they want.' This, according to Van der Steur, was how the committee members felt. Subsequently, Witteveen, much to the satisfaction of the architect and client, announced that the plan had been approved as it was and the balcony could remain unchanged.

The specifications were ready on 28 February and submitted for the building permit. The project was then put to tender on 23 April and building work began on 9 May 1938.

What is noticeable about the house is that its composition is in keeping with Henry van de Velde's modernist architecture of around 1930. Although this has brick façades with accentuated horizontal point work, the curved forms and detailing of the windows with protruding concrete strips are very similar, while the white concrete construction, the black tile plinth and functionalist detailing of the villa reflect the architecture of Brinkman and Van der Vlugt. It is striking how Baas has successfully drawn together his experiences of working with both leading architects in one elegant and highly aesthetically pleasing villa design. The collaboration with Stokla was also extremely efficient: both professionals understood each other from hurriedly written correspondence and a few intensive talks, in which Baas would always outline how he saw the design and Stokla, with his immense structural and technical knowledge, would advise.

G.W. Baas, Kraaijeveld House, 1938, front elevation
Photograph: Collection Gemeentearchief Rotterdam

De bestektekeningen waren op 28 februari gereed en in-
gediend voor de bouwaanvraag. Vervolgens werd het plan
op 23 april aanbesteed en op 9 mei 1938 werd er met de bouw
aangevangen.

Wat opvalt is dat het huis in compositie opvallend aansluit bij
de modernistische architectuur van Henry van de Velde van
rond 1930. Hoewel die is uitgevoerd in bakstenen gevels met
horizontaal geaccentueerd voegwerk, is er in de ronde vormen
en detailleringen van de vensters met uitstekende beton-
banden grote gelijkenis, terwijl de witgepleisterde betoncon-
structie, de zwarte tegelplint en zakelijke detaillering van de
villa passen bij de architectuur van Brinkman en Van der Vlugt.
Het is frappant hoe Baas erin is geslaagd om zijn ervaringen
bij beide toonaangevende architecten in een eigen elegant
en esthetisch zeer geslaagd villaontwerp te verenigen. Daarbij
was de samenwerking met Stokla zeer efficiënt, beide vak-
mannen begrepen elkaar met een snelle briefwisseling en
enkele intensieve besprekingen, waarbij steeds Baas schetste
hoe hij het ontwerp zag en Stokla vanuit zijn grote bouw-
kundige en technische kennis adviezen gaf. Het was een
succesvolle samenwerking die resulteerde in een compromis-
loos modern ontworpen en zeer degelijk gedetailleerde villa.
   Ook het interieur van het woonhuis is door de architecten
ontworpen en uitgewerkt. Het betrof eiken betimmeringen in
de woonvertrekken, een haardhoek, vast meubilair en
beschilderde betimmeringen in een bij het ontwerp passende
kleurstelling door het gehele huis. Maar ook de stoffering,
meubilering en verlichting zijn uiteindelijk door Baas geadvi-

Interieur huis Kraaijeveld,
zitkamer met haardhoek, 1939
Foto: archief C. Baas

It was a successful association which resulted in an uncompro-
mising, modern design and a very sound and well-detailed villa.

The interior of the dwelling was also designed and executed
by the architects. This comprised oak panelling in the living spaces,
a fireside corner, built-in furniture and woodwork throughout the
house painted in a colour scheme sensitive to the villa's design.
Baas ultimately advised on the fabrics, furnishings and lighting, even
though this was not originally included in the remit. Photographs
shortly taken after the villa's completion show a functionalist,
comfortable interior, partly furnished with wood furniture and partly
with Gispen's tubular steel designs and Giso lamps, and similar to
that of the Sonneveld house undertaken by Brinkman and Van der
Vlugt a few years earlier. The garden was also designed by the
architects in keeping with the composition of the house. The curved
front garden prominently featured a sundial, placed on a mosaic
plinth by Rotterdam designer Jaap Gidding.

Ernest Groosman's Roof Extension
The house had barely been occupied for a year when the Second
World War broke out. The gas-proof, air-raid shelter constructed
under the house with provisions for a prolonged stay was by no
means surplus to requirements, and in May 1940 (when the city of
Rotterdam was bombed) the family must have actually remained
there for some time. The panoramic photograph of Dijkzigt with its
three white houses and a burning Rotterdam in the background has
become an iconic image of the bombing of this city on the Maas.

The Kraaijeveld family lived in the house until 1969, when it was
then sold to the Contact Group for the Metalworking Industry
(CWM), which operated from there until 1991. During this later

Interior of the Kraaijeveld House,
sitting-room with fireplace
Photograph: C. Baas Archive

seerd, hoewel de opdracht aanvankelijk niet zover ging. De foto's van vlak na de oplevering tonen een zakelijke, comfortabele stijl van het interieur, deels met houten meubels, deels met stalen Gispen-buismeubelen en Giso-lampen, overeenkomstig met de inrichting die Brinkman en Van der Vlugt een paar jaar eerder in Huis Sonneveld hadden gerealiseerd. Ook de inrichting van de tuin is door de architecten ontworpen in samenhang met de compositie van het huis. In de ronde voortuin werd prominent op een sokkel met mozaïek van de Rotterdamse decorateur Jaap Gidding een zonnewijzer geplaatst.

Groosmans dakopbouw
Nauwelijks een jaar nadat het huis was betrokken, brak de Tweede Wereldoorlog uit. De gasdichte schuilkelder met voorzieningen voor lang verblijf die onder het huis was ingericht, bleek niet overbodig en in mei 1940 zal de familie er daadwerkelijk hebben moeten verblijven. De panoramafoto van Dijkzigt met de drie witte villa's met het brandende Rotterdam op de achtergrond is iconisch geworden voor het bombardement van de Maasstad.

De familie Kraaijeveld heeft het huis bewoond tot 1969, waarna het werd verkocht aan de Contactgroep Werkgevers Metaal CWM, die er kantoor hield tot 1991. In deze laatste periode is het woonhuisinterieur voor het grootste deel verloren gegaan, met uitzondering van de entree, de keuken en het trappenhuis. De CWM droeg architect Ernest Groosman in 1972 op om het pand aan te passen en uit te breiden met een extra kantoorlaag. Groosman ontwierp een opbouw die vanuit het zuiden als een licht en transparant paviljoen op de villa lijkt gezet, terwijl vanuit het noorden gezien de witgepleisterde villa gewoon een laag werd opgetrokken. De constructie van de uitbreiding is gebaseerd op een licht staalskelet in combinatie met het verhogen van de betonnen noord- en oostgevels. In feite ontwierp Groosman door op de principes van de nieuwzakelijke villa, waarbij is voorzien in veel zontoetreding en buitenruimte aan de zuid- en westzijde. De naar buiten toe doorgezette stalen spanten vertonen grote overeenkomst met de tuingevel van huis Van der Leeuw aan de Kralingse Plaslaan in Rotterdam, in 1928-1930 door Brinkman en Van der Vlugt ontworpen.

Opmerkelijk is dat Groosman de degelijke detaillering van Baas en Stokla in de uitbreiding niet letterlijk volgde. Zo werden de betonnen afdekplaten van de borstweringen van het dakterras verwijderd en werd dit zonder lekranden strak afgewerkt met een stalenbuisleuning erop; een kwetsbare en riskante detaillering. De dakranden van het nieuwe hoge dak kregen geen beëindiging van afdekplaten of metalen leklijsten. Het lijkt er op dat Groosman de kubische architectuur nog wilde versterken en de vooroorlogse degelijkheid daarbij minder nauw nam, een ambitie die bij de naoorlogse generatie

period the original interior of the house was all but lost, aside from the entrance, kitchen and staircase. In 1972 CWM brought in architect Ernest Groosman to modify the premises and add an extra floor for office space. Groosman designed a structure which from the south looked as if a light and transparent pavilion had been placed on the villa, while from the north as if the white plastered villa had been simply raised a level. The extension's construction is based on a light steel skeleton used in combination with raising the concrete north and east walls. In fact Groosman's design continues the modernist principles of the house, so that much light is admitted and outdoor space provided on the south and west side. The steel trusses, which were extended externally, bear a strong resemblance to the garden wall of the Van der Leeuw house on Kralingse Plaslaan, Rotterdam, designed by Brinkman and Van der Vlugt (1928-1930).

Noteworthy is the fact that Groosman did not literally follow through Baas and Stokla's substantial detailing in the extension. For instance, the concrete slabs of the roof terrace's balustrade were removed and this was then starkly finished – without a drip edge – with a tubular steel rail: a fragile and risky detail. The eaves of the new upper roof also did not have a termination of protective sheeting or steel drip edging. It seems as if Groosman wanted to reinforce the cubist architectural style, but stick less closely to the pre-war reliability of structure – an ambition also found among other modernist architects of the post-war generation, sometimes at the expense of sound and lasting detailing.

The extension was implemented late in 1975 as a highly successful and stylish addition to this modernist villa.

New Use as a Museum
In 1991 the villa was acquired by Mr and Mrs Grootveld-Parrée with the aim of it housing the Chabot Museum, which opened its doors in 1993. For this purpose, the house was entirely modified into a fully functioning art museum, designed and supervised by architects Piet Bronder and Cees Schott from the Rotterdam De Weger architecture agency, in close association with the client.
Of pivotal concern was that the appearance of the house should remain intact. Yet at the same time requirements had to be met for the building to function as a museum, both spatially and logistically as well as technically, regarding security, temperature, lighting and structure. The original layout was changed into one continuous exhibition space with a logical routing supported by sightlines. Certain spaces retained their original layout and function for the most part. For instance, the study with its curved bay window is now used as an office while the kitchen and scullery have been preserved. The stairwell from the basement to the second floor is largely original, including the curved, etched art deco window. The necessary climate control systems for the museum were installed outside the volume of the house, partly in a grating on the roof, included in the design, and partly at the rear of the property.

modernistische architecten meer voorkwam, soms ten koste
van een deugdelijke en duurzame detaillering.

De uitbreiding is eind 1975 uitgevoerd als een bijzonder
geslaagde en stijlvolle toevoeging aan deze modernistische
villa.

Herbestemming als museum

In 1991 werd de villa verworven door het echtpaar Grootveld-
Parrée met als doel er het Chabot Museum in te huisvesten,
dat in 1993 zijn deuren opende. De villa werd hiervoor geheel
aangepast tot volwaardig kunstmuseum naar ontwerp en onder
leiding van de architecten Piet Bronder en Cees Schott van het
Rotterdamse bureau De Weger, in nauwe samenwerking met
de opdrachtgever. Centraal stond dat de gedaante van de villa
intact moest blijven. Maar tevens moest worden voldaan aan
de eisen voor de museumfunctie, zowel ruimtelijk, logistiek als
technisch qua beveiliging en klimaat, verlichting en bouw-
fysica. De oorspronkelijke indeling werd gewijzigd in een
continue tentoonstellingsruimte met een logische routing
ondersteund door zichtlijnen. Enkele ruimten hebben hun
oorspronkelijke indeling en functie goeddeels behouden. Zo
is de werkkamer met ronde erker nu in gebruik als kantoor en
is de keuken met bijkeuken behouden. Ook de traphal is vanaf
de kelder tot op de tweede verdieping nog vrijwel oorspronkelijk, inclusief het originele geëtste gebogen art-decovenster.

De noodzakelijke klimaatinstallaties voor het museum zijn
buiten het volume van de villa aangebracht, deels in een
mee-ontworpen roostervolume op het dak en deels achter op
het terrein. De tuin werd opnieuw aangelegd naar ontwerp van
Delta Vormgroep, waarbij de zonnewijzer is gehandhaafd.

Gevelrestauratie: herstel van kwetsbare massaopbouw en lijnenspel

Uitgangspunt van de gevelrestauratie die in 2006-2007 is
uitgevoerd onder leiding van Molenaar & Van Winden
architecten was de visie dat het aanzien van het pand moest
worden gerespecteerd als het resultaat van een bijzondere
bouw- en gebruiksgeschiedenis. Het uiterlijk van het woonhuis
met alle aanpassingen die het heeft ondergaan, hangt direct
samen met de evolutie die het gebied heeft doorgemaakt,
vanaf de verwerving als het Land van Hoboken, de verande-
ring tot villapark Dijkzigt en uiteindelijke de bestemming als
Museumpark. De functie als museum die de villa kreeg ten
tijde van de aanwijzing als rijksmonument is de uitkomst van
deze ontwikkeling.

Met respect voor de verschillende bouwfases die het pand
in de loop der jaren onderging, werden bij de gevelrestauratie
de problemen met vocht, lekkage- en scheuren aangepakt,
onder andere veroorzaakt door het dichtzetten van de glazen
bouwstenen in de luifel met dakbedekking en door slecht

The garden was remodelled, based on a design by Delta Vorm-groep, with the sundial still in place.

Outside Restoration: Restoring a Fragile Building Construction and an Interplay of Lines

The outside restoration carried out under the lead of the architecture firm Molenaar & Van Winden from 2006 to 2007 was based on the premise that the appearance of the house had to be respected because of its extraordinary building and user history. The exterior of the house with all the modifications it has undergone is directly linked to the evolvement of the area itself – from its acquisition as an estate owned by the Hoboken family, to its becoming the Dijkzigt Villa Park, and finally its use as the Museumpark. The museum function, which the villa acquired when it was designated a listed building, is thus the result of this development.

Carried out with respect for the different building phases the building had undergone over the years, the outside restoration included tackling problems like damp, leakage and cracks – partly caused by sealing the glass bricks in the awning with roofing material and by poorly functioning window frames. The steel windows in Groosman's extension, placed and detailed slightly differently compared to Baas and Stokla's design, had their features retained. It was also decided to reproduce the glass brick roof lights in the distinctive awning above the balcony and to repair the steel window frames carefully by restoring the original frames with putty. By so doing, the balanced composition of line, surface and mass, as well as the detailing, of which each wall element is a part, has been retained and restored and the different building phases can be read. In order to conform to the museum requirements the very newest type of glass was used which comes as close as possible to the original single glass.

The former Kraaijeveld House, now the Chabot Museum, is an architectural, cultural, historic monument to the development this specific area has undergone, from a modern, pre-war residential estate for the Rotterdam elite to the present Museumpark in the heart of the city.

Garden of Chabot Museum with a maquette of The Destroyed City by Zadkine from the Museé Zadkine in Paris (exhibition: 'Ossip Zadkine, Early Sculptures', Chabot Museum, 1994)
Photograph: Chabot Museum, Rotterdam, Gert Jan van Rooij

Scaffolding with Gyz La Rivière's installation Jan Hart during restoration (2007)
Photograph: Gyz La Rivière

functionerende kozijnen. Zo zijn in de uitbreiding van Groosman de stalen ramen gehandhaafd, die net anders zijn geplaatst en gedetailleerd dan in het ontwerp van Baas en Stokla. Ook is er gekozen voor reconstructie van de glazen bouwstenen daklichten in de karakteristieke luifel boven het balkon en voor een nauwkeurig herstel van de stalen ramen met het terugbrengen van de oorspronkelijke beglazingsvorm met stopverf. Hiermee is de uitgebalanceerde compositie van lijnen, vlakken en massa's en de detaillering waarvan elk gevelelement deel uitmaakt, behouden en hersteld en blijven de verschillende bouwfases afleesbaar. Om aan de museale eisen te voldoen, is gebruikgemaakt van de modernste glassoorten die het effect van het oorspronkelijke enkelglas zo goed mogelijk benaderen.

Het voormalige woonhuis Kraaijeveld is als Chabot Museum een architectuur- en cultuurhistorisch monument van de ontwikkeling die dit gebied heeft doorgemaakt, van vooroorlogs modern villapark Dijkzigt voor Rotterdamse elite tot het hedendaagse Museumpark in het centrum van Rotterdam.

Chabot Museum met in de museumtuin een voorstudie voor De verwoeste stad van Zadkine uit de collectie van het Museé Zadkine in Parijs (presentatie 'Ossip Zadkine, vroege beelden', Chabot Museum, 1994)
Foto: Chabot Museum, Rotterdam, Gert Jan van Rooij

Project Jan Hart van Gyz La Rivière aan de bouwsteigers tijdens de restauratie (2007)
Foto: Gyz La Rivière

LITERATUUR/BIBLIOGRAPHY

Jisca Bijlsma
E. Adriaansz e.a., Huis Sonneveld. Modern wonen in 1933, **Rotterdam 2001**
J. Bijlsma en K. Vollemans, Henk Chabot – De Maskers/Henk Chabot – The Masks, **Rotterdam (Chabot Museum) 2004**
J. Bijlsma, Paula Modersohn-Becker, **Rotterdam (Chabot Museum), 2006**
J. Bijlsma, U. Krempel, Otto Gleichmann, **Rotterdam (Chabot Museum), 2007**
C. Blotkamp, 'Een explosie van creativiteit', in: Zicht op Zeeland, 1933. Het Zeeuwse jaar van Chabot, **Rotterdam (Chabot Museum), 2008**
A. Jolles, 'Villa's aan het Museumpark', in: Kunstbeeld Cahier, Tien jaar Chabot Museum, **2004**
J. Heynen, Ein Ort der denkt/A Place That Thinks, **Krefeld (Förderkreis Krefelder Kunstmuseen), 2000**
J. Heynen, l.m.v.d.r 1 thomas ruff, **Krefeld (Förderkreis Krefelder Kunstmuseen), 2000**
J. Heynen, l.m.v.d.r 2 thomas ruff, **Krefeld (Förderkreis Krefelder Kunstmuseen), 2000**
K. Kleinman, L. Van Duzer, Mies van der Rohe. The Krefeld Villas, **New York 2005**
G. Lupfer en P. Sigel e.a., Architektur und Kunst. Das Meisterhaus Kandinsky-Klee in Dessau, **Leipzig 2000**
J. Meuwissen, Chabot Museum Rotterdam, recht en rond in Rotterdam, bouwplaat, Chabot Museum Rotterdam, schaal 1:100, **design en productie Victor Veldhuyzen van Zanten, uitgave Chabot Museum, Rotterdam 2007**
W. Paul e.a. (red.), '…Das Treppenhaus ist meine ganze Freude…' Meisterhäuser in Dessau – Das Feiningerhaus, **Frankfurt am Main 2001**
P. van der Ree, Huis Sonneveld (1933), bouwplaat, schaal 1:100 **(Rotterdam 2007)**

Elly Adriaansz
Bronnen:
Gemeentearchief Rotterdam (GAR)
Handelingen van den Gemeenteraad Rotterdam 1887-1939
Knipselverzameling Van Vollenhoven
Plaatselijke Werken dossier 2528, 1930
Verzameling der gedrukte stukken 1887

E. Adriaansz e.a., 'The Rotterdam Museumpark Villas', Wiederhall 20 **(Amsterdam, 2001)**
M.J. Granpré Molière, 'Het Land Hoboken', Tijdschrift voor Volkshuisvesting en Stedebouw, **30 (1922)**
L.A. de Klerk, 'Stedelijke elite op de bres voor de volkshuisvesting', In: L. de Klerk en H. Moscoviter (red.), En dat al voor de arbeidende klasse: 75 jaar volkshuisvesting Rotterdam, **Rotterdam 1992**
L.A. de Klerk, Particuliere plannen. Denkbeelden en initiatieven van de stedelijke elite inzake volkswoningbouw en stedebouw in Rotterdam, 1860-1950, **Rotterdam 1998**
P. van de Laar, Stad van formaat. Geschiedenis van Rotterdam in de negentiende en twintigste eeuw, **Zwolle 2000**
C.D.H. Moes, Architectuur als sieraad van de natuur, **Rotterdam 1991**
J.E. van der Pot, 'De nadagen van slot Honingen, Rotterdamsch Jaarboekje, **Rotterdam 1940**
L.J.C.J. van Ravesteyn, Rotterdam in de achttiende en negentiende eeuw, **Schiedam 1974**
J.C.J. van Ravesteyn, Rotterdam in de twintigste eeuw. De ontwikkeling van de stad vóór 1940, **Rotterdam 1948**
M. Steenhuis, Stedenbouw in het landschap. Pieter Verhagen (1882-1950), **Rotterdam 2007**
W.G. Witteveen, Het uitbreidingsplan voor het Land van Hoboken, **Haarlem 1927**

Joris Molenaar
Bronnen:
Archief mevr. ir. C. Baas bi te Apeldoorn

E. Adriaansz e.a., 'The Rotterdam Museumpark Villas', Wiederhall 20 **(Amsterdam, 2001)**
K.J. Sembach en B. Schulte (red.), Henry van de Velde. Een Europees kunstenaar in zijn tijd, **Antwerpen 1993**
Archief architectenbureau Brinkman en Van der Vlugt, in: BROX archief, Nederlands Architectuurinstituut, Rotterdam

Jisca Bijlsma
E. Adriaansz, et al., Huis Sonneveld. Modern wonen in 1933 (Rotterdam, 2001)
J. Bijlsma and K. Vollemans, Henk Chabot – De Maskers/Henk Chabot – The Masks (Rotterdam: Chabot Museum, 2004)
J. Bijlsma, Paula Modersohn-Becker (Rotterdam: Chabot Museum, 2006)
J. Bijlsma and U. Krempel, Otto Gleichmann (Rotterdam: Chabot Museum, 2007)
C. Blotkamp, 'Een explosie van creativiteit', in: Zicht op Zeeland, 1933. Het Zeeuwse jaar van Chabot (Rotterdam: Chabot Museum, 2008)
A. Jolles, 'Villa's aan het Museumpark', in: Kunstbeeld Cahier, Tien jaar Chabot Museum (2004)
J. Heynen, Ein Ort der denkt/A Place That Thinks (Krefeld: Förderkreis Krefelder Kunstmuseen, 2000)
J. Heynen, l.m.v.d.r 1 thomas ruff (Krefeld: Förderkreis Krefelder Kunstmuseen, 2000)
J. Heynen, l.m.v.d.r 2 thomas ruff (Krefeld: Förderkreis Krefelder Kunstmuseen, 2000)
K. Kleinman and L. Van Duzer, Mies van der Rohe: The Krefeld Villas (New York, 2005)
G. Lupfer, P. Sigel, et al., Architektur und Kunst. Das Meisterhaus Kandinsky-Klee in Dessau (Leipzig, 2000)
J. Meuwissen, Chabot Museum Rotterdam, recht en rond in Rotterdam, bouwplaat, Chabot Museum Rotterdam, schaal 1:100 design and production Victor Veldhuyzen van Zanten (Rotterdam: Chabot Museum, 2007)
W. Paul. Et al. (eds.), '. . . Das Treppenhaus ist meine ganze Freude . . .': Meisterhäuser in Dessau – Das Feiningerhaus (Frankfurt am Main, 2001)
P. van der Ree, Huis Sonneveld (1933), bouwplaat, schaal 1:100 (Rotterdam, 2007)

Elly Adriaansz
Sources:
Rotterdam Municipal Archives (GAR)
Handelingen van den Gemeenteraad Rotterdam (Proceedings of Rotterdam City Council) 1887-1939
Van Vollenhoven press cuttings
Plaatselijke Werken (planning department), File 2528, 1930
Verzameling der gedrukte stukken (collection of printed material) 1887

E. Adriaansz, et al., 'The Rotterdam Museumpark Villas', Wiederhall 20 (Amsterdam, 2001)
M.J. Granpré Molière, 'Het Land Hoboken', Tijdschrift voor Volkshuisvesting en Stedebouw, no. 30 (1922)
L.A. de Klerk, 'Stedelijke elite op de bres voor de volkshuisvesting', in: L. de Klerk en H. Moscoviter (eds.), En dat al voor de arbeidende klasse: 75 jaar volkshuisvesting Rotterdam (Rotterdam, 1992)
L.A. de Klerk, Particuliere plannen. Denkbeelden en initiatieven van de stedelijke elite inzake volkswoningbouw en stedebouw in Rotterdam, 1860-1950 (Rotterdam, 1998)
P. van de Laar, Stad van formaat: Geschiedenis van Rotterdam in de negentiende en twintigste eeuw (Zwolle, 2000)
C.D.H. Moes, Architectuur als sieraad van de natuur (Rotterdam, 1991)
J.E. van der Pot, 'De nadagen van slot Honingen', Rotterdamsch Jaarboekje, Rotterdam 1940
L.J.C.J. van Ravesteyn, Rotterdam in de achttiende en negentiende eeuw (Schiedam, 1974)
L.J.C.J. van Ravesteyn, Rotterdam in de twintigste eeuw. De ontwikkeling van de stad vóór 1940 (Rotterdam, 1948)
M. Steenhuis, Stedenbouw in het landschap: Pieter Verhagen (1882-1950) (Rotterdam, 2007)
W.G. Witteveen, Het uitbreidingsplan voor het Land van Hoboken (Haarlem, 1927)

Joris Molenaar
Sources:
Archives of Mrs C. Baas, BSc, CE, Apeldoorn

E. Adriaansz, et al., 'The Rotterdam Museumpark Villas', Wiederhall 20 (Amsterdam, 2001)
K.J. Sembach and B. Schulte (eds.), Henry van de Velde: Een Europees kunstenaar in zijn tijd (Antwerpen, 1993)
Archives of Brinkman and Van der Vlugt, BROX archives, Netherlands Architecture Institute, Rotterdam

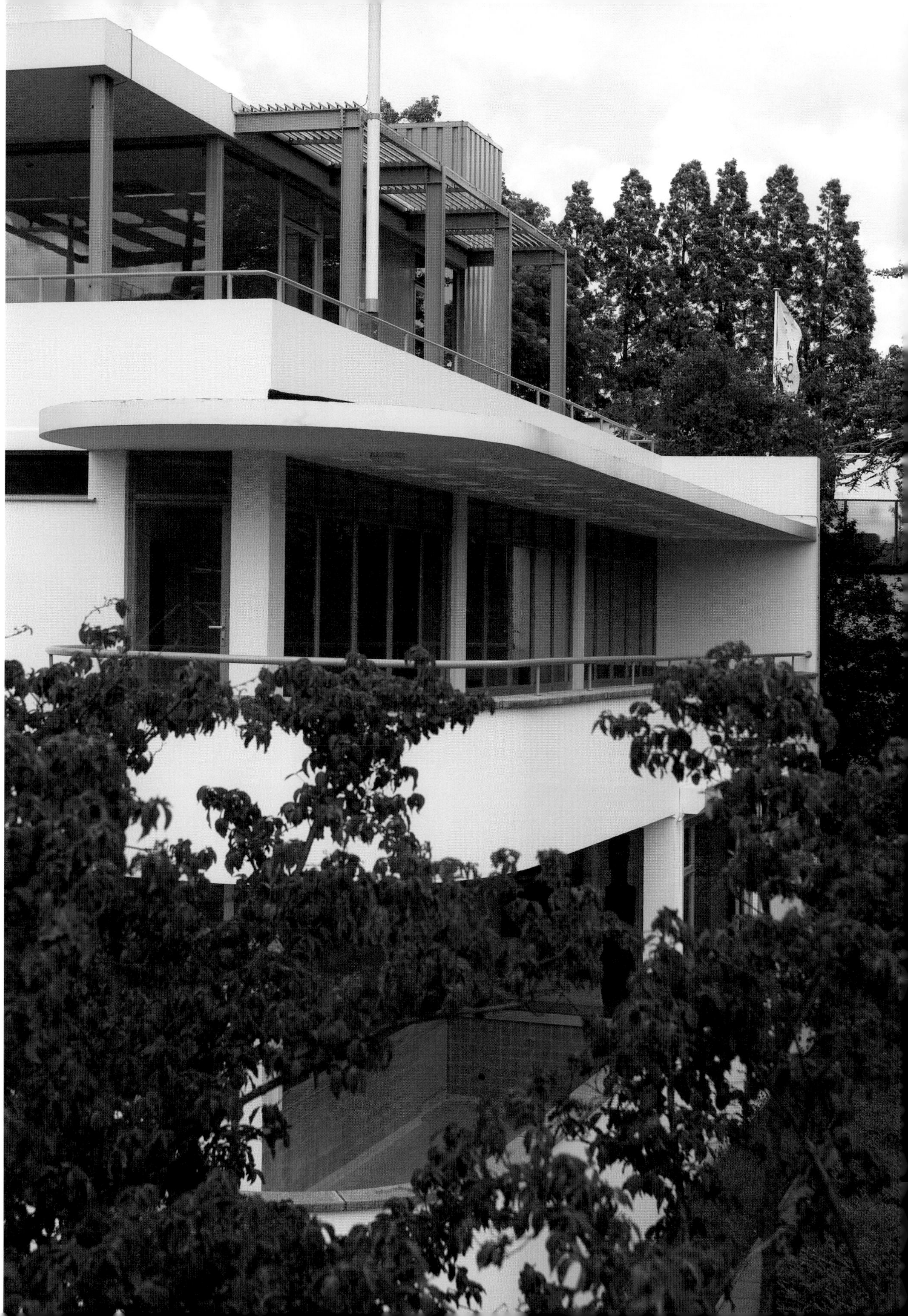

N 51°54.53' / E 4°28.19'

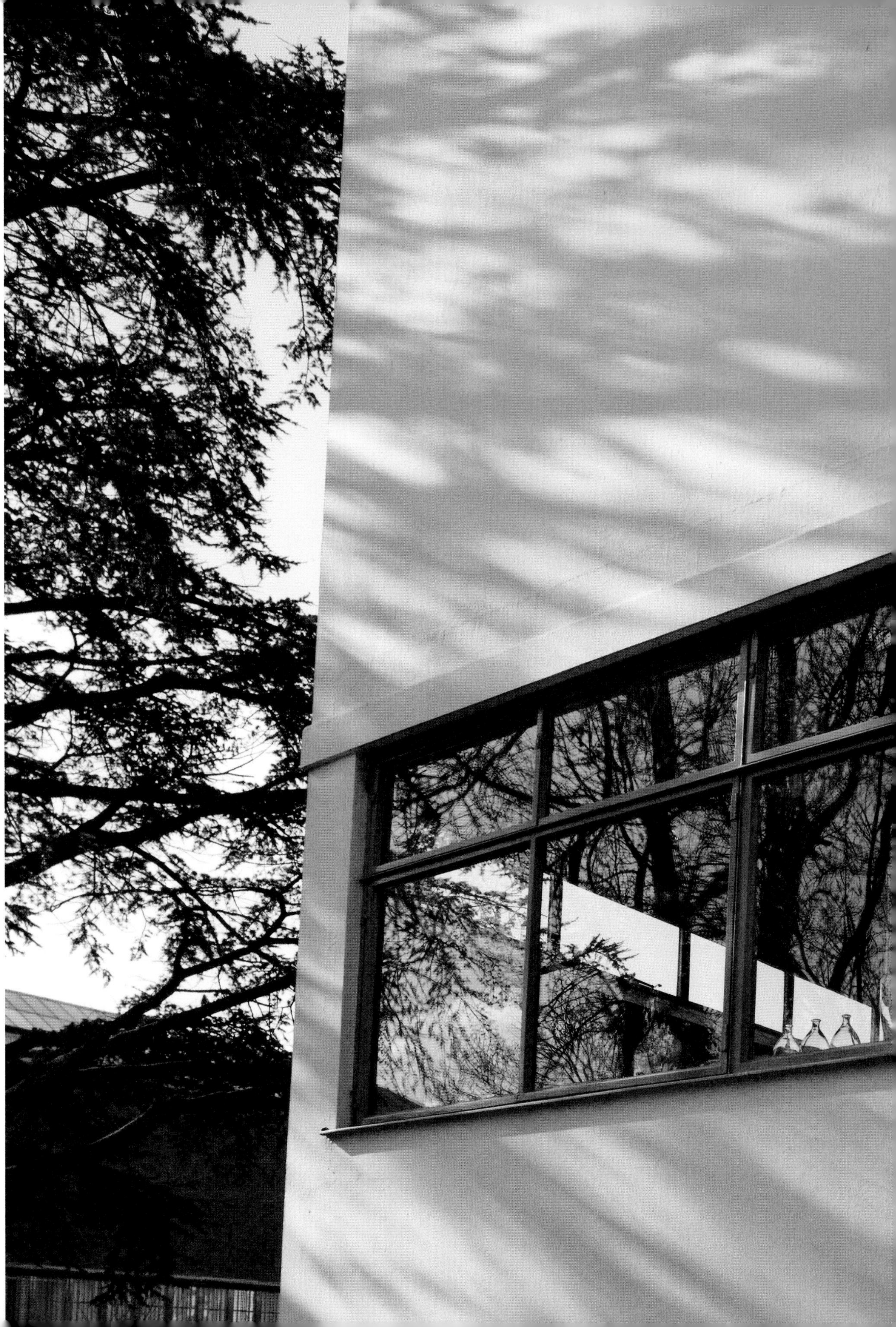

N 51°54.53' / E 4°28.21'

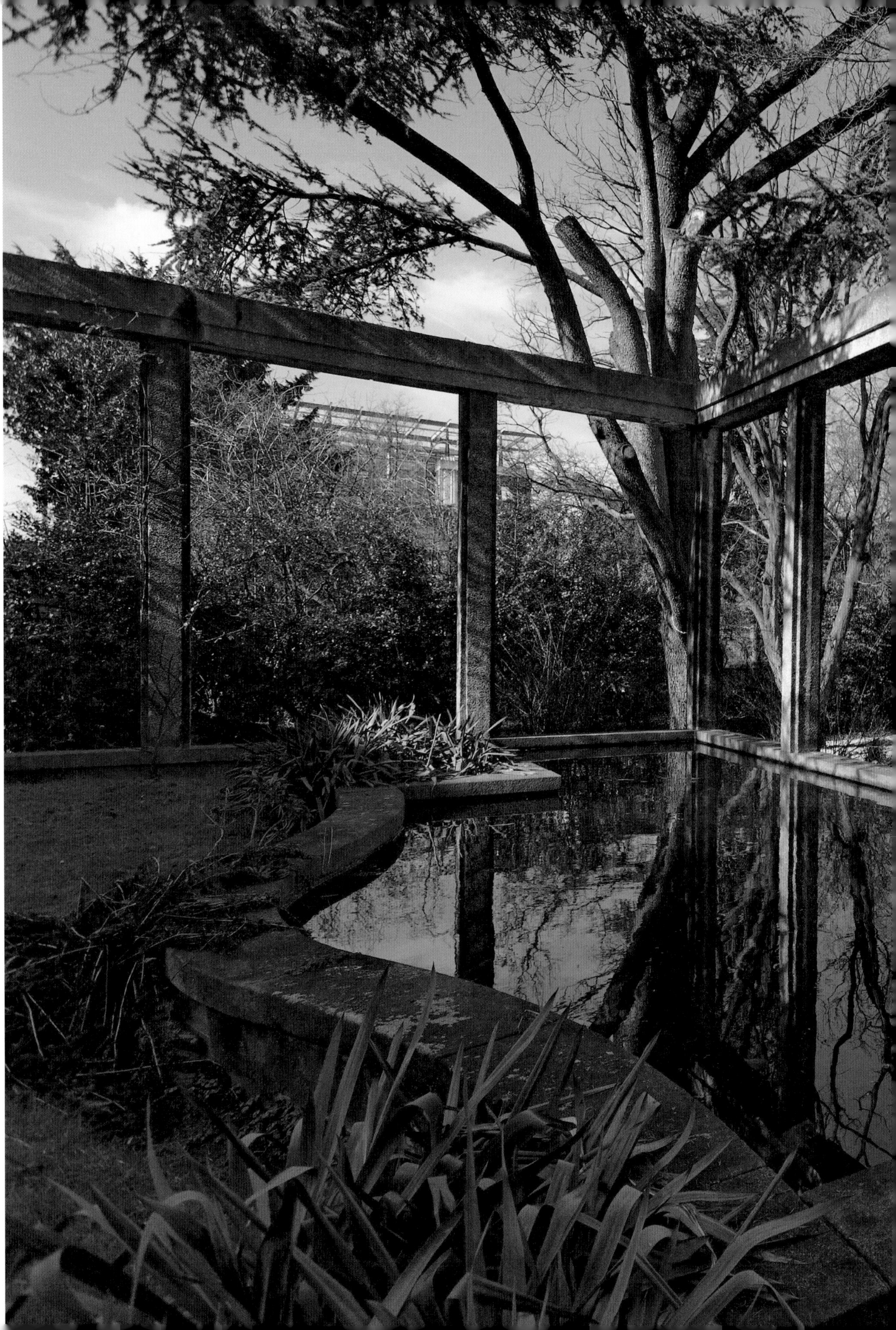

N 51°54.54' / E 4°28.22'

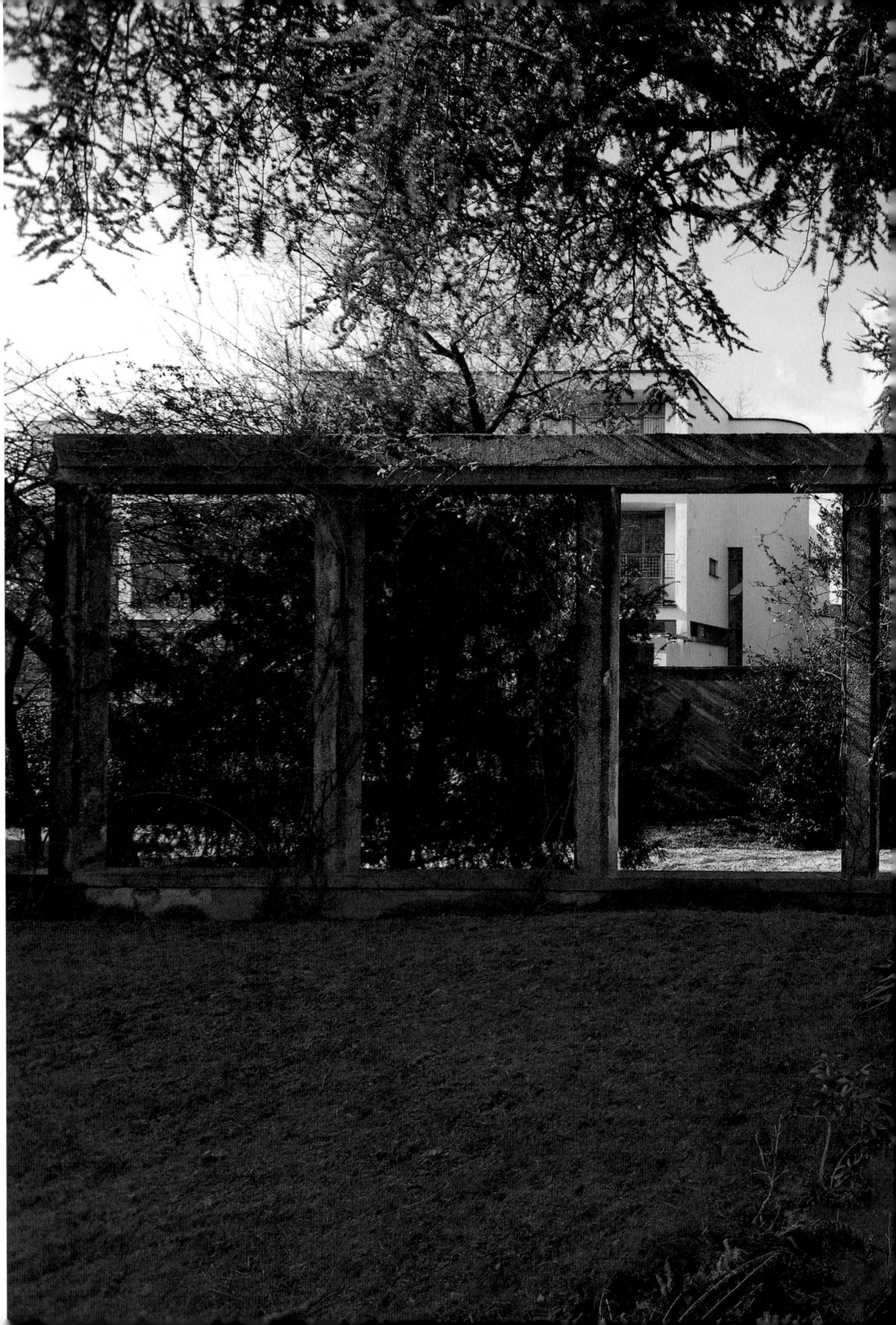

N 51°54.53' / E 4°28.22'

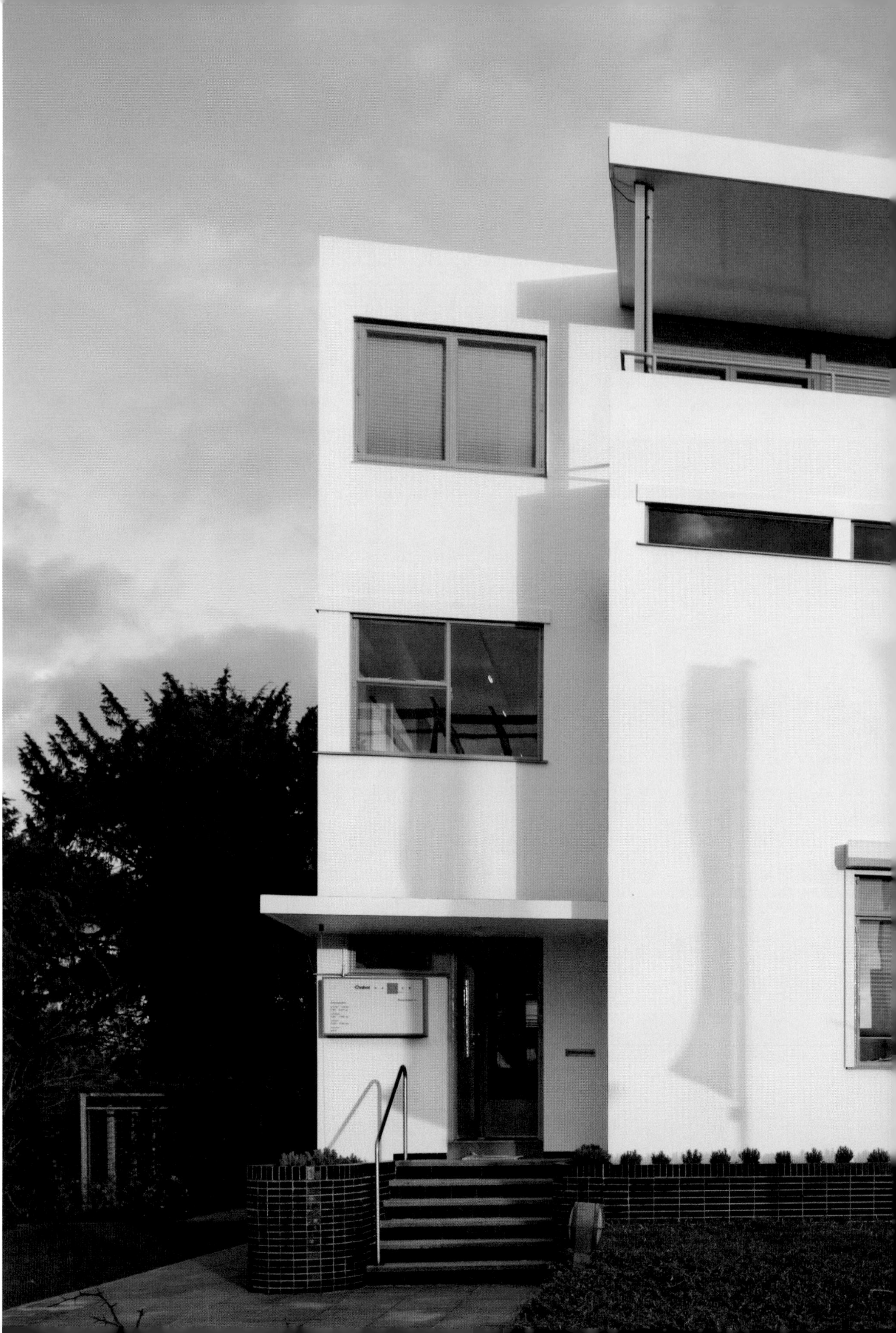

N 51°54.53' / E 4°28.19'

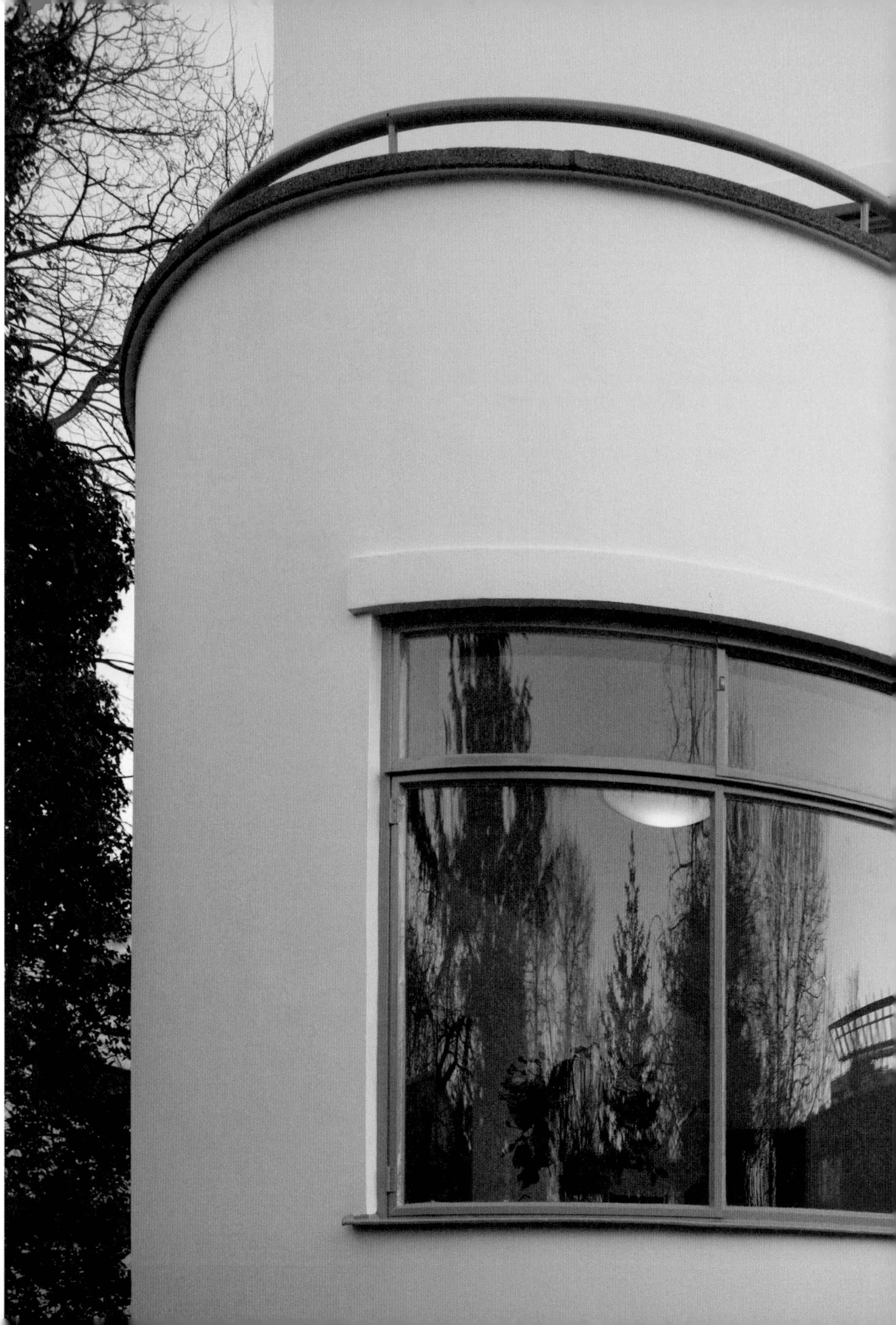

N 51°54.53' / E 4°28.20'

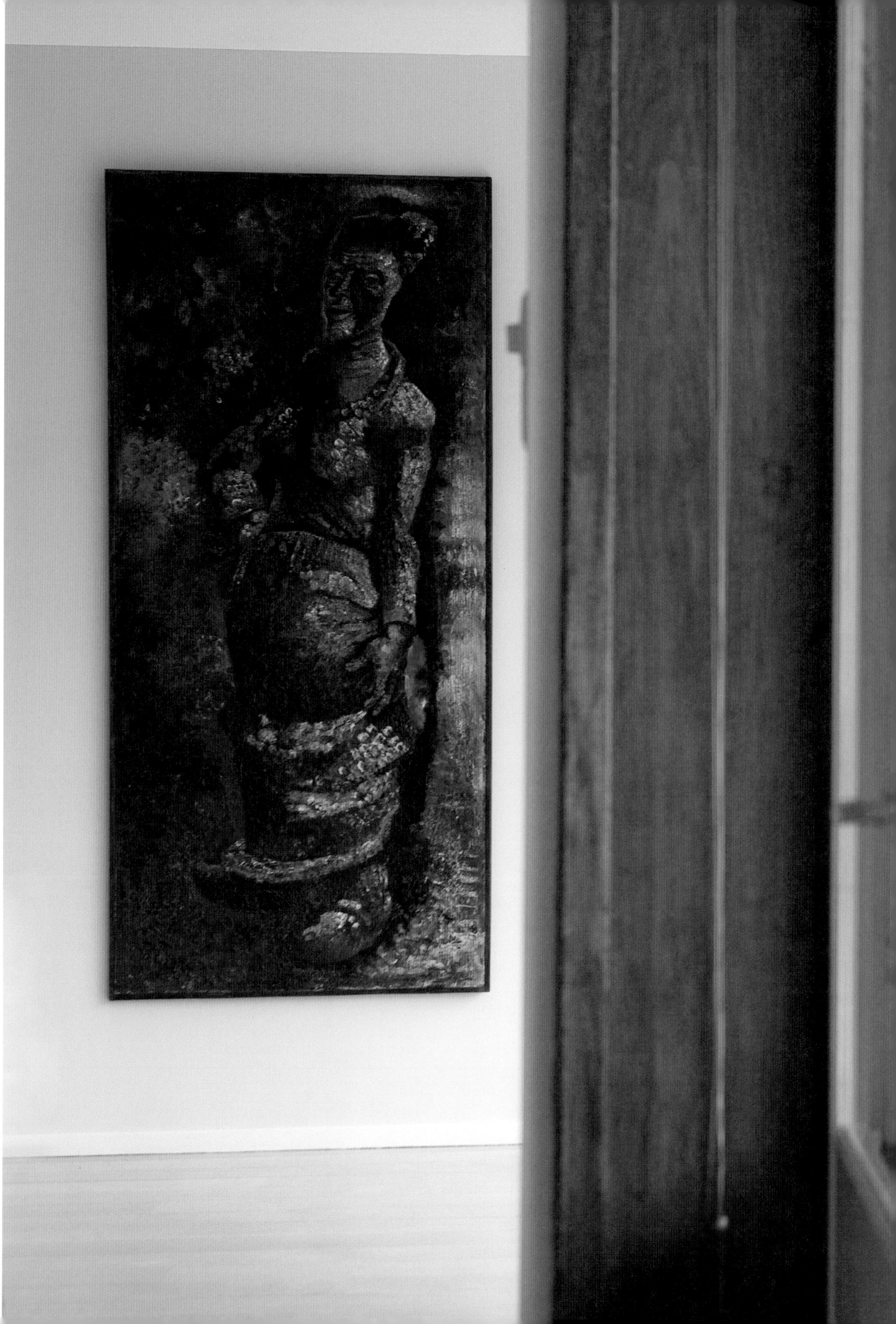

N 51°54.53' / E 4°28.19'

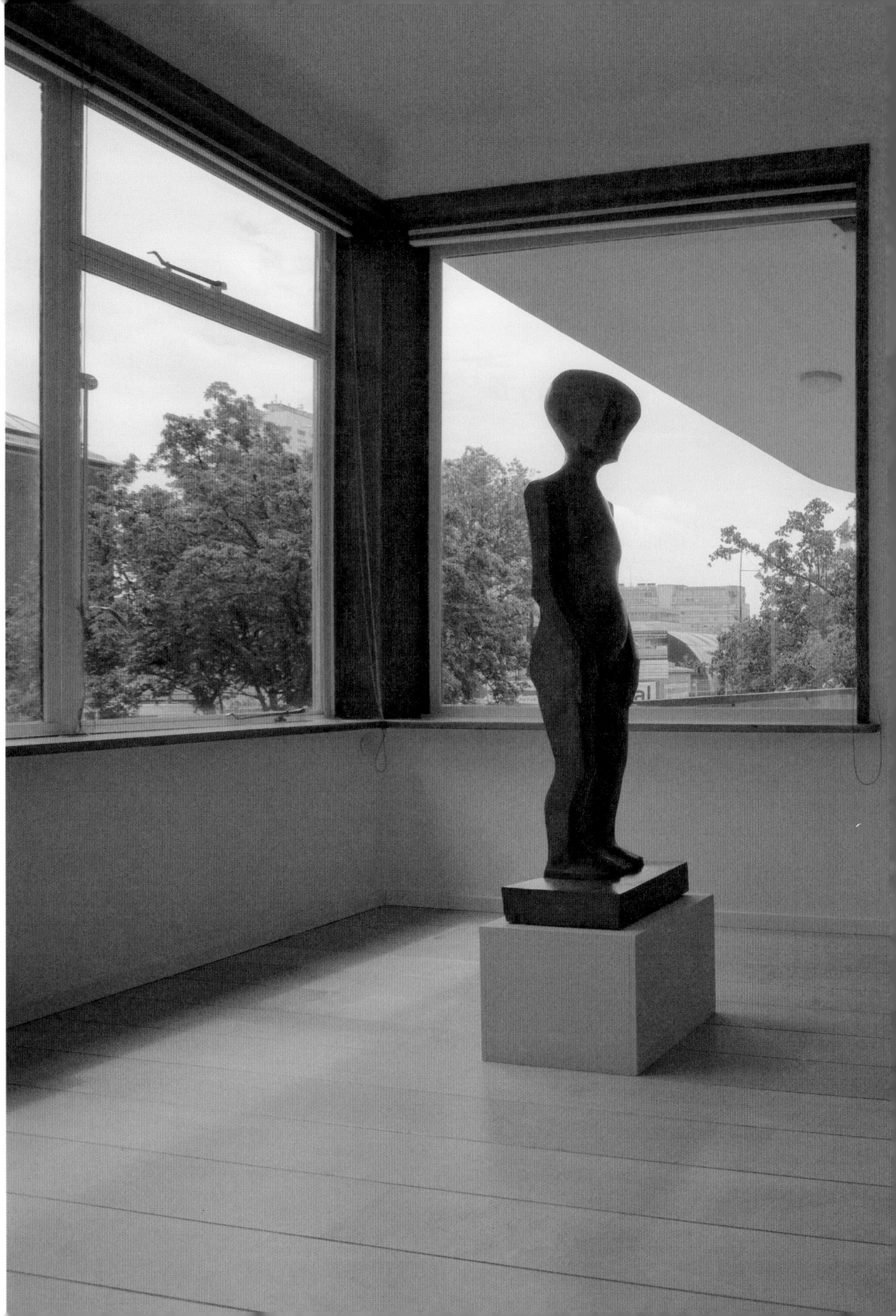

N 51°54.53' / E 4°28.19'

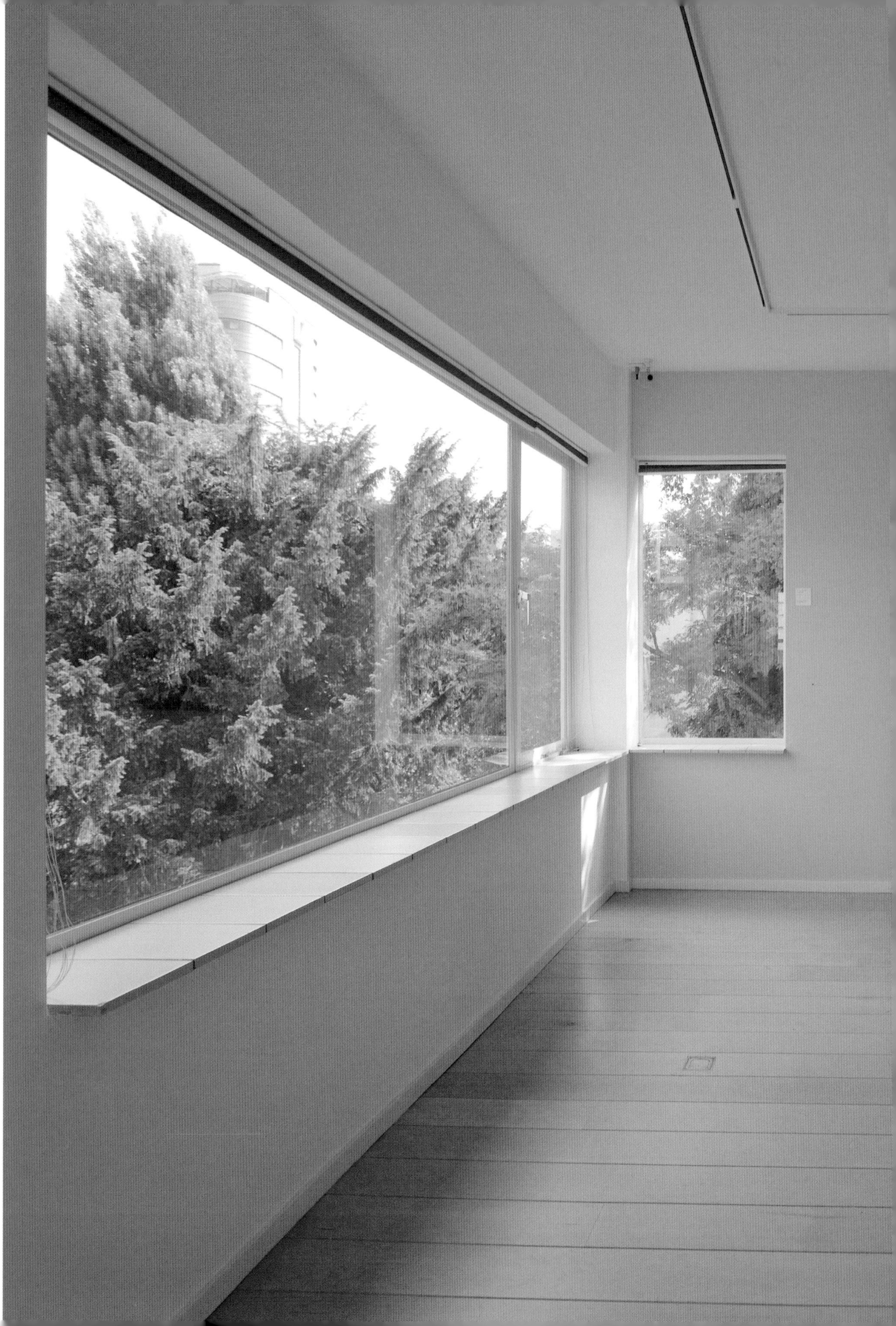

N 51°54.53' / E 4°28.19'

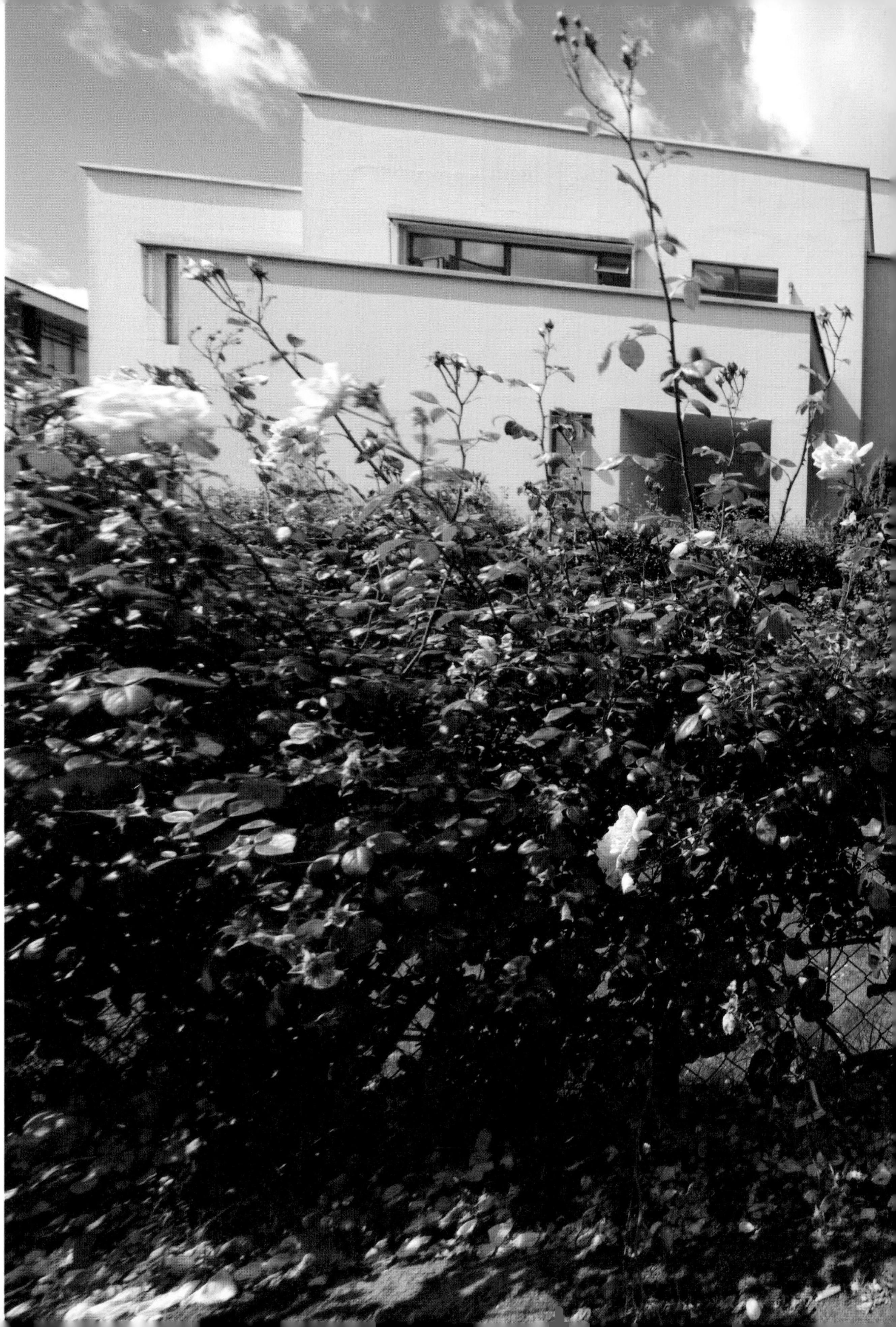

N 51°54.53' / E 4°28.22'

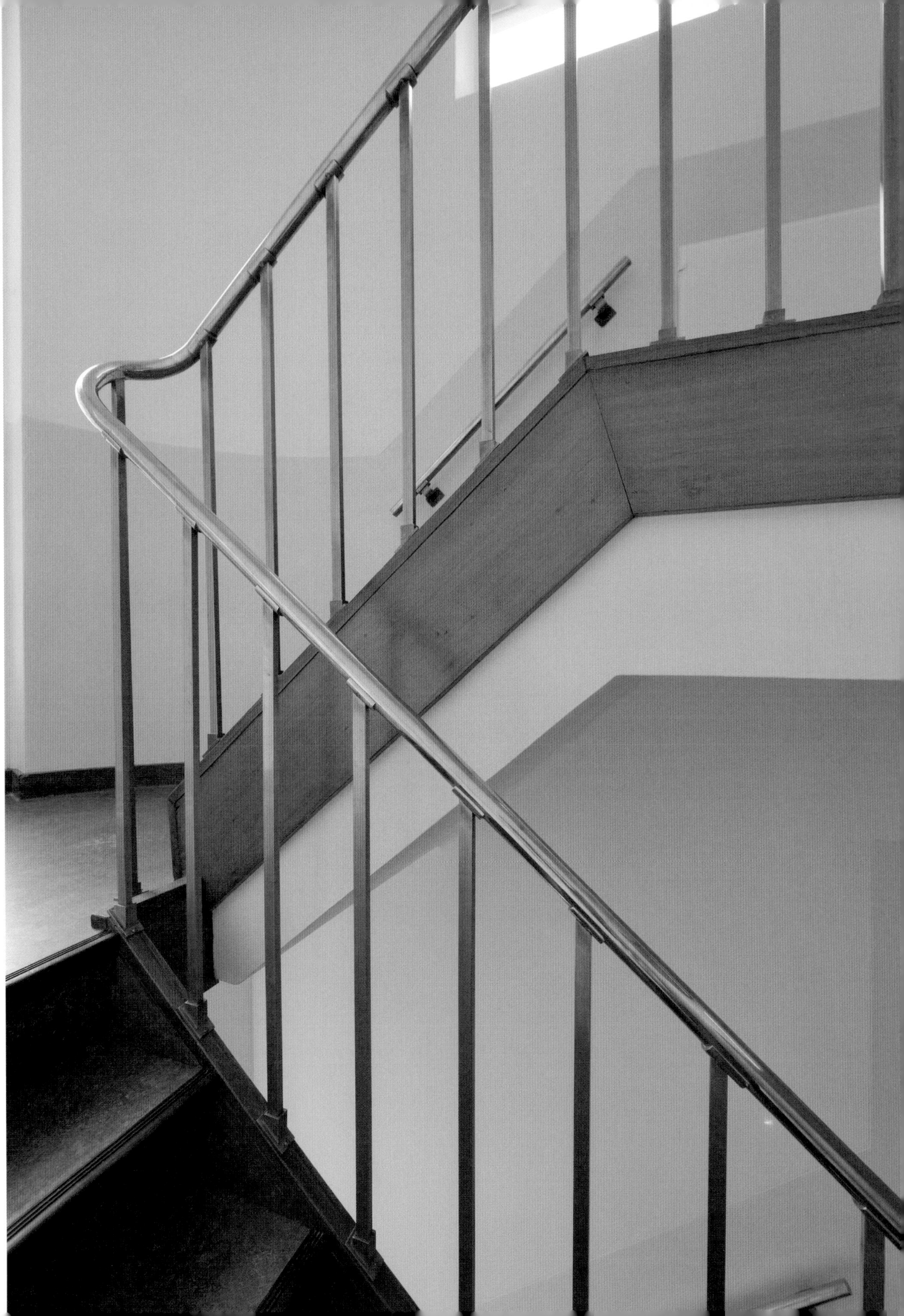

N 51°54.53' / E 4°28.19'

N 51°54.52' / E 4°28.19'

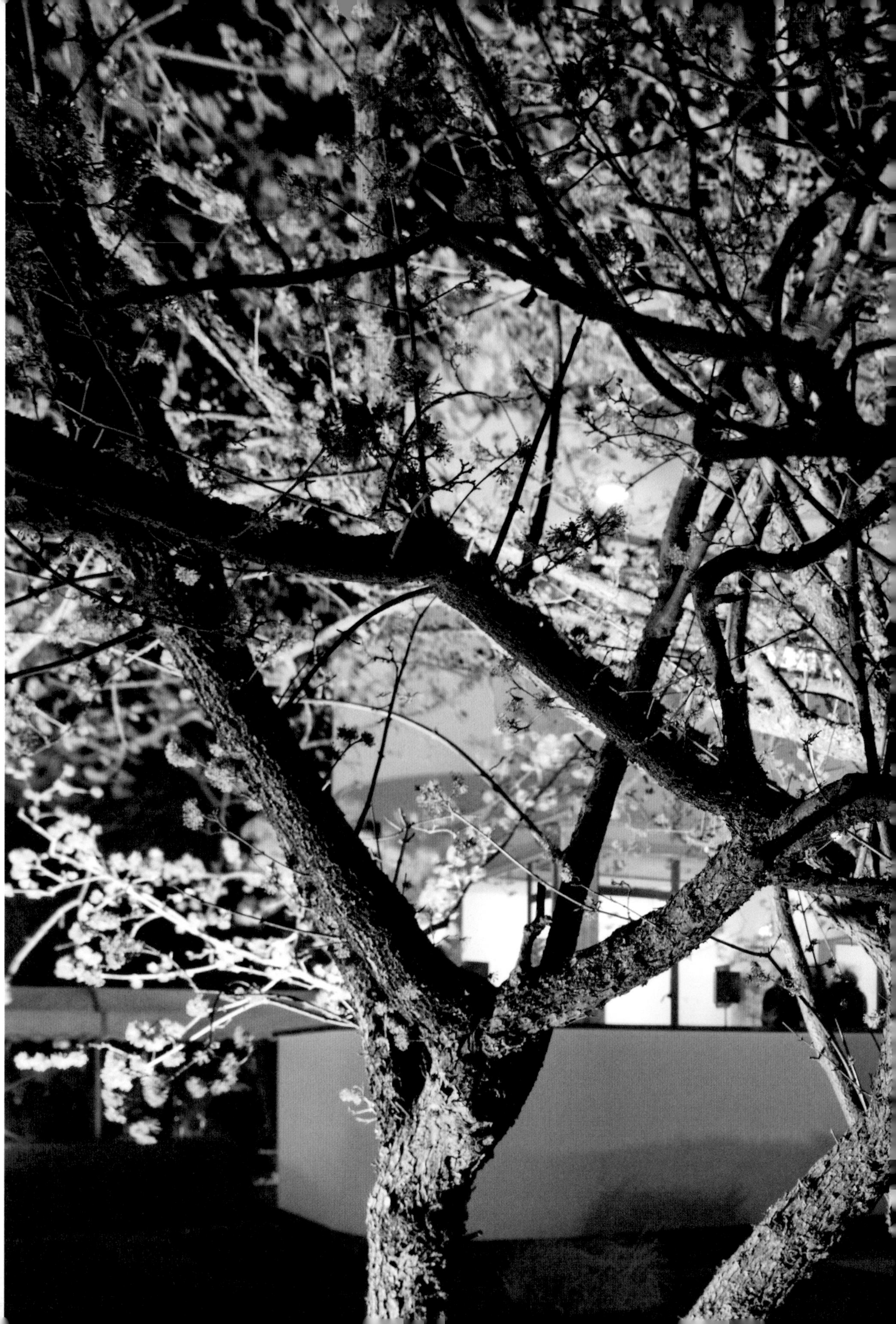

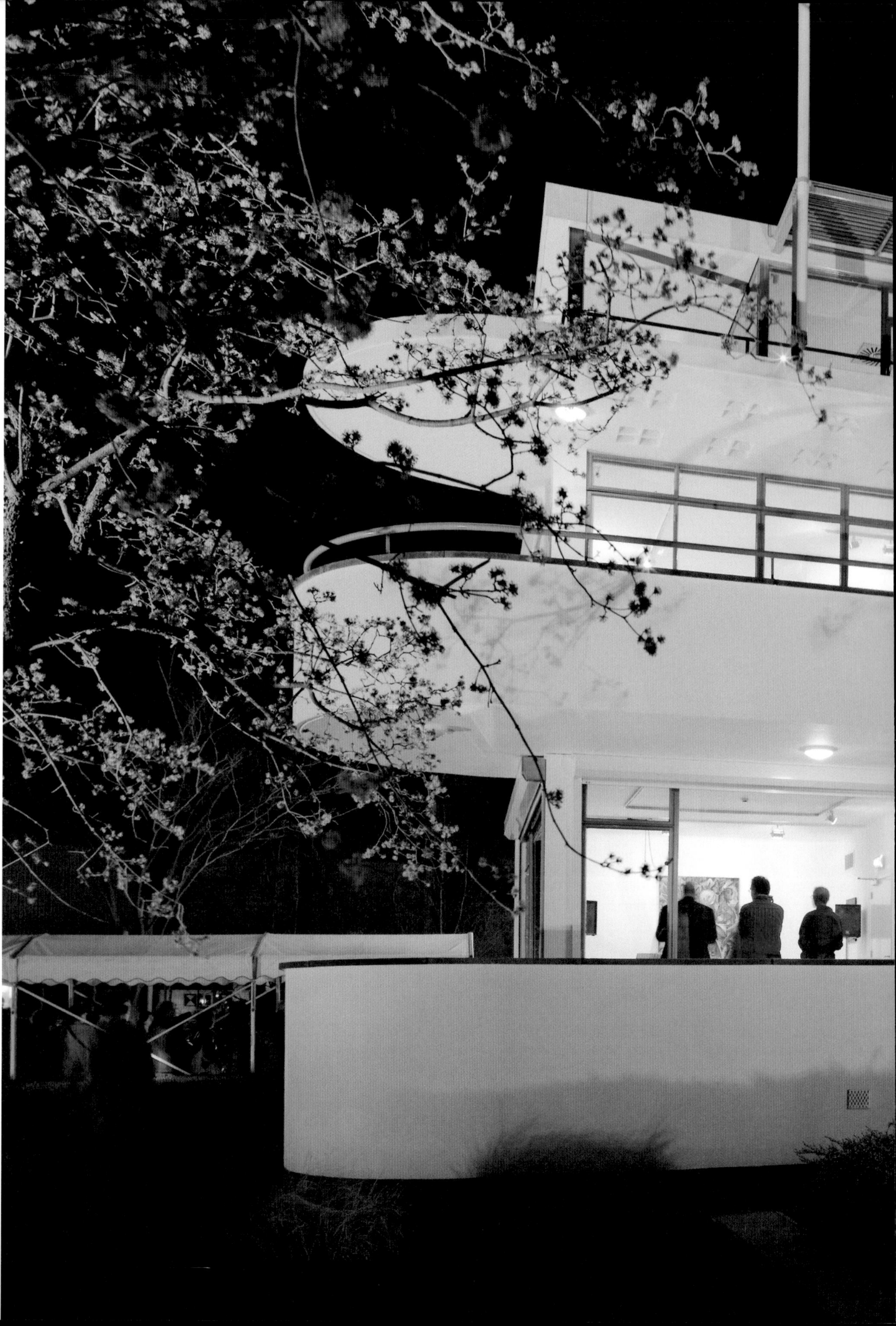

N 51°54.52' / E 4°28.20'

N 51°54.53' / E 4°28.20'

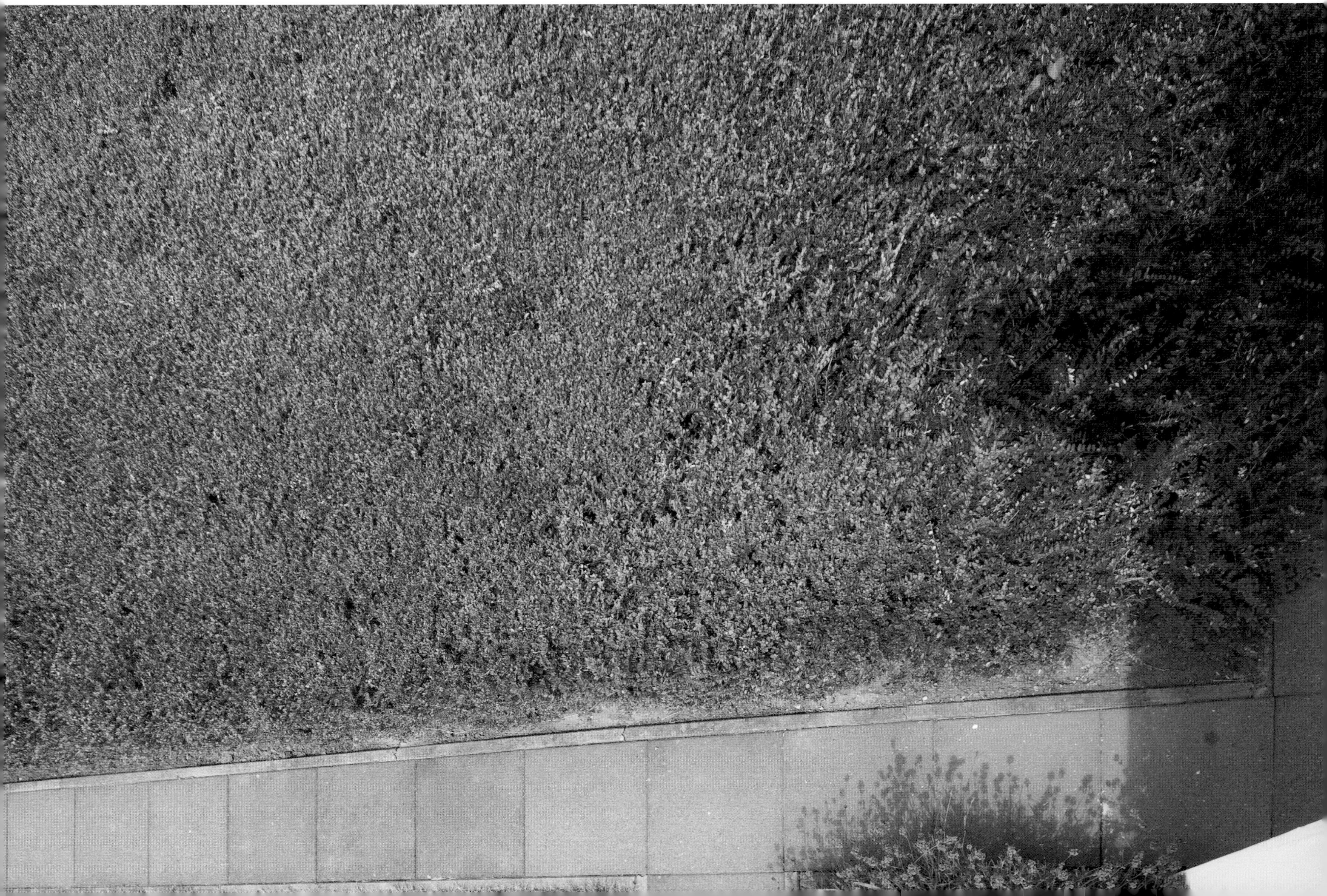

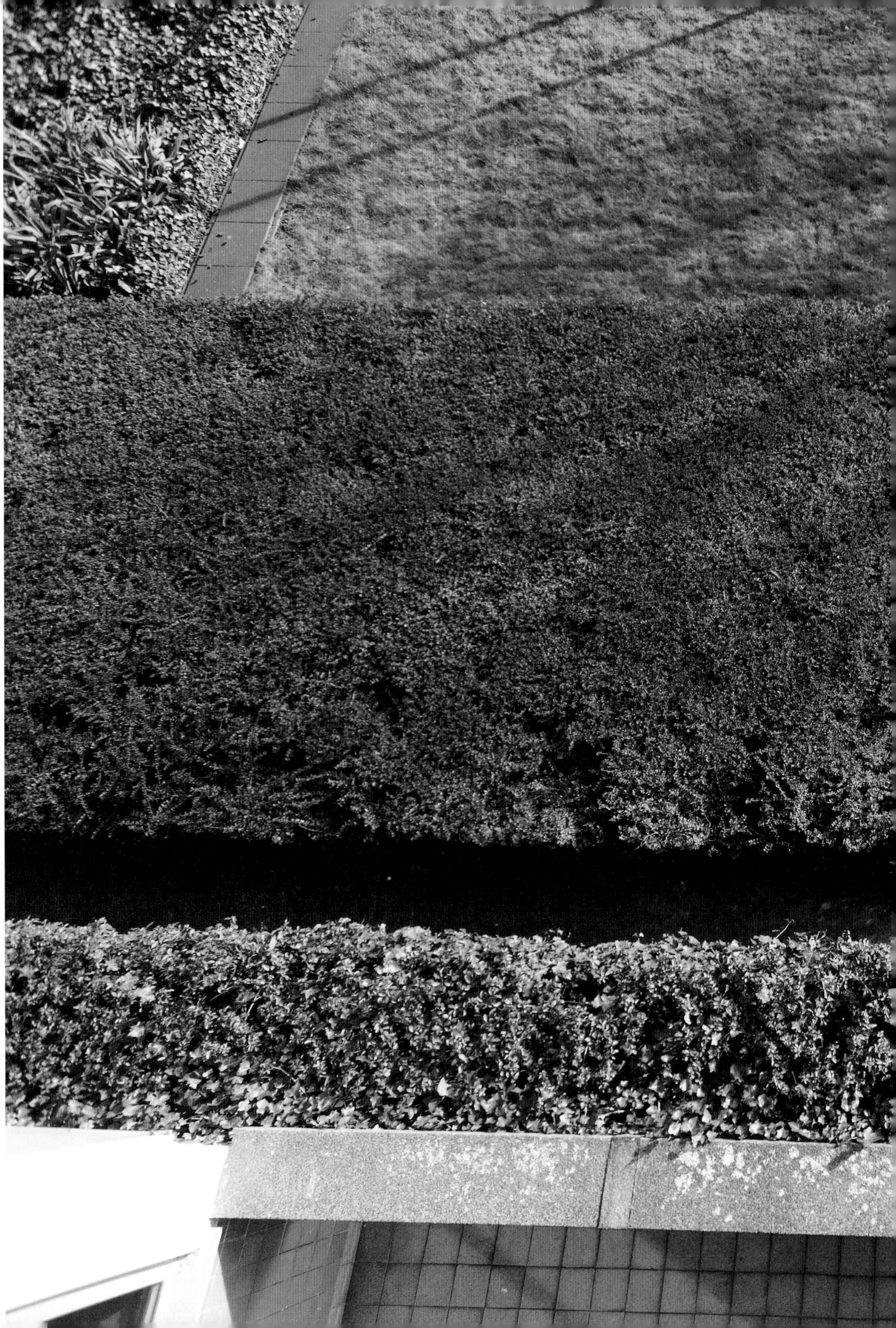

N 51°54.52' / E 4°28.20'

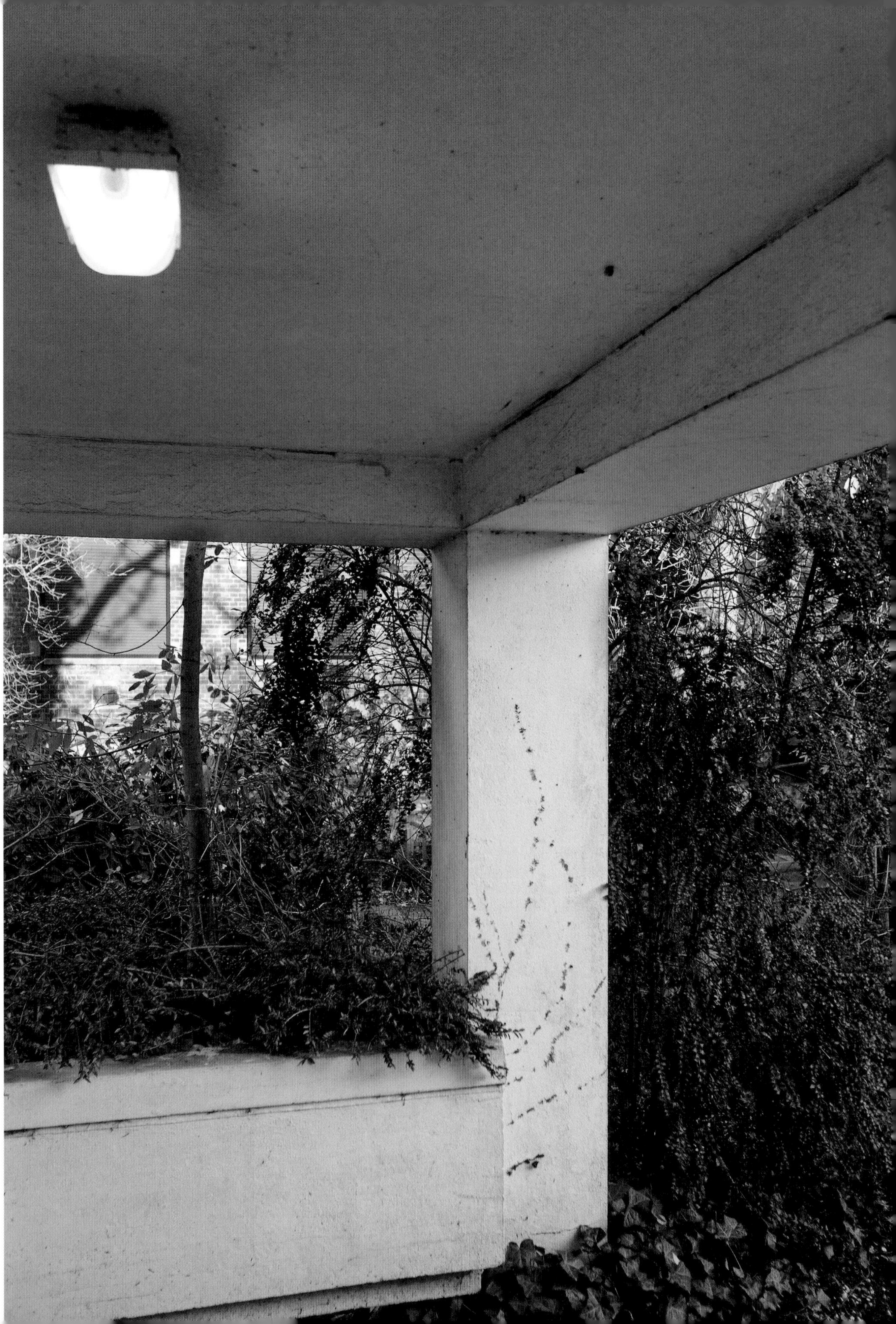

N 51°54.53' / E 4°28.23'

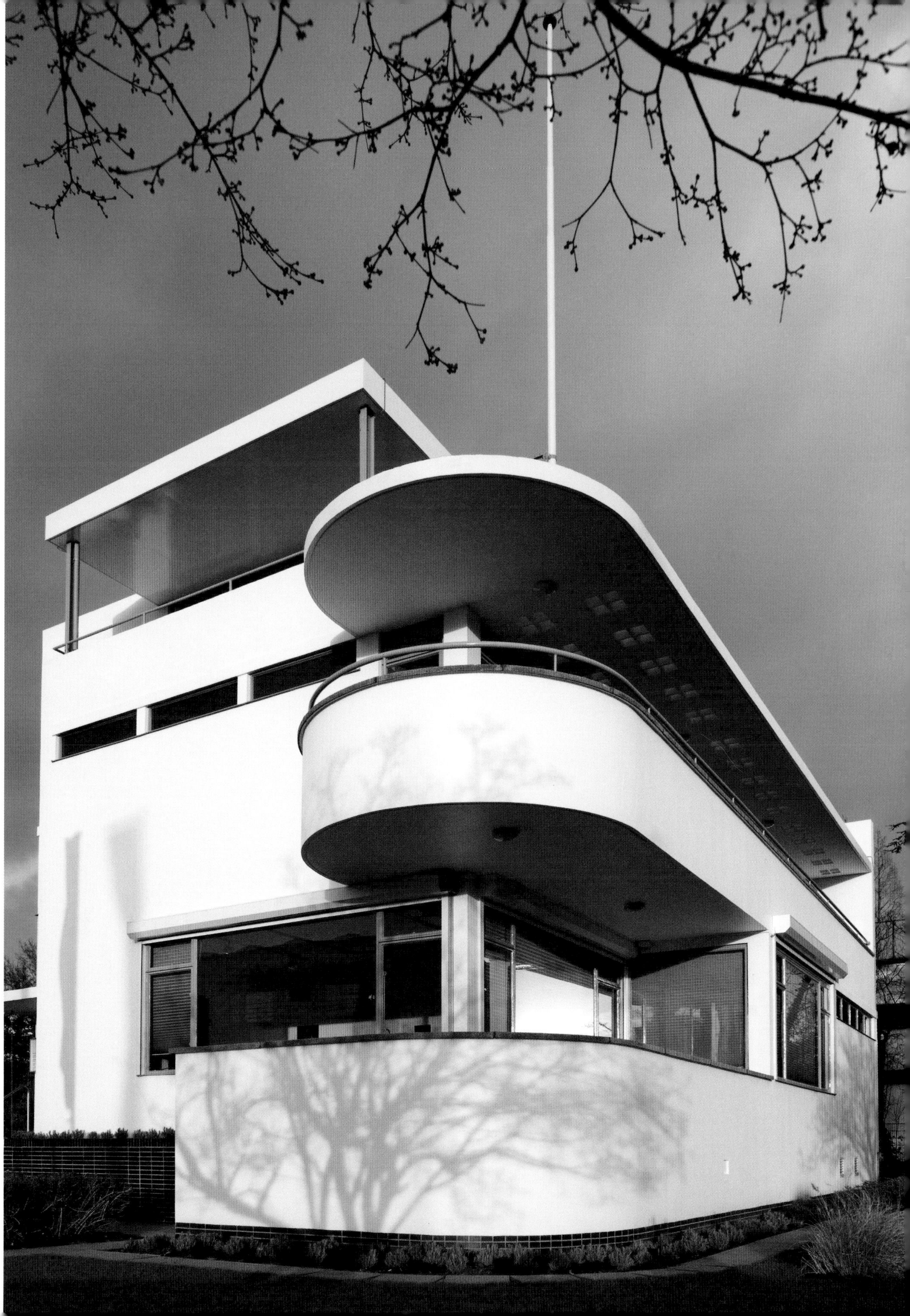

N 51°54.52' / E 4°28.19'

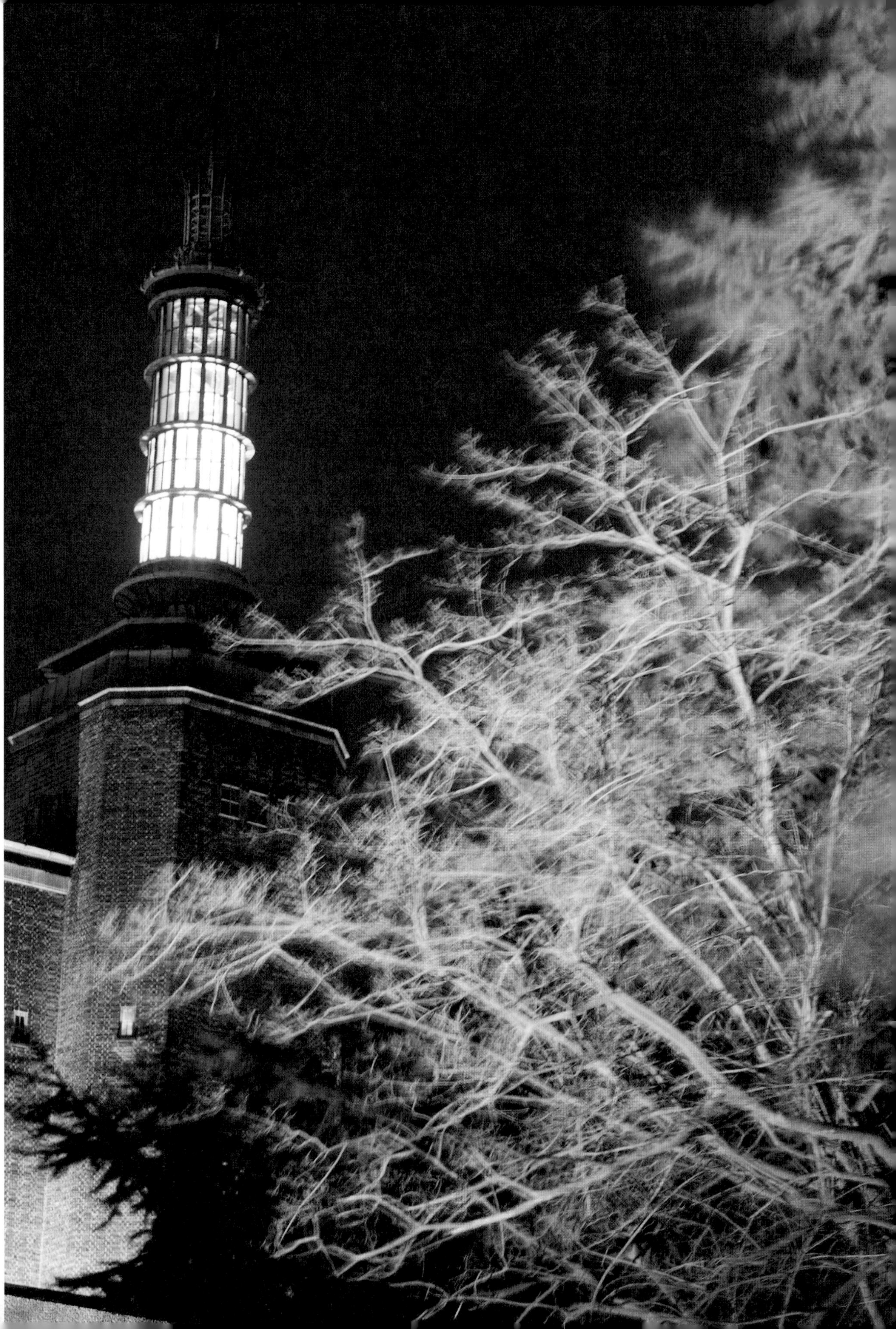

N 51°54.54' / E 4°28.22'

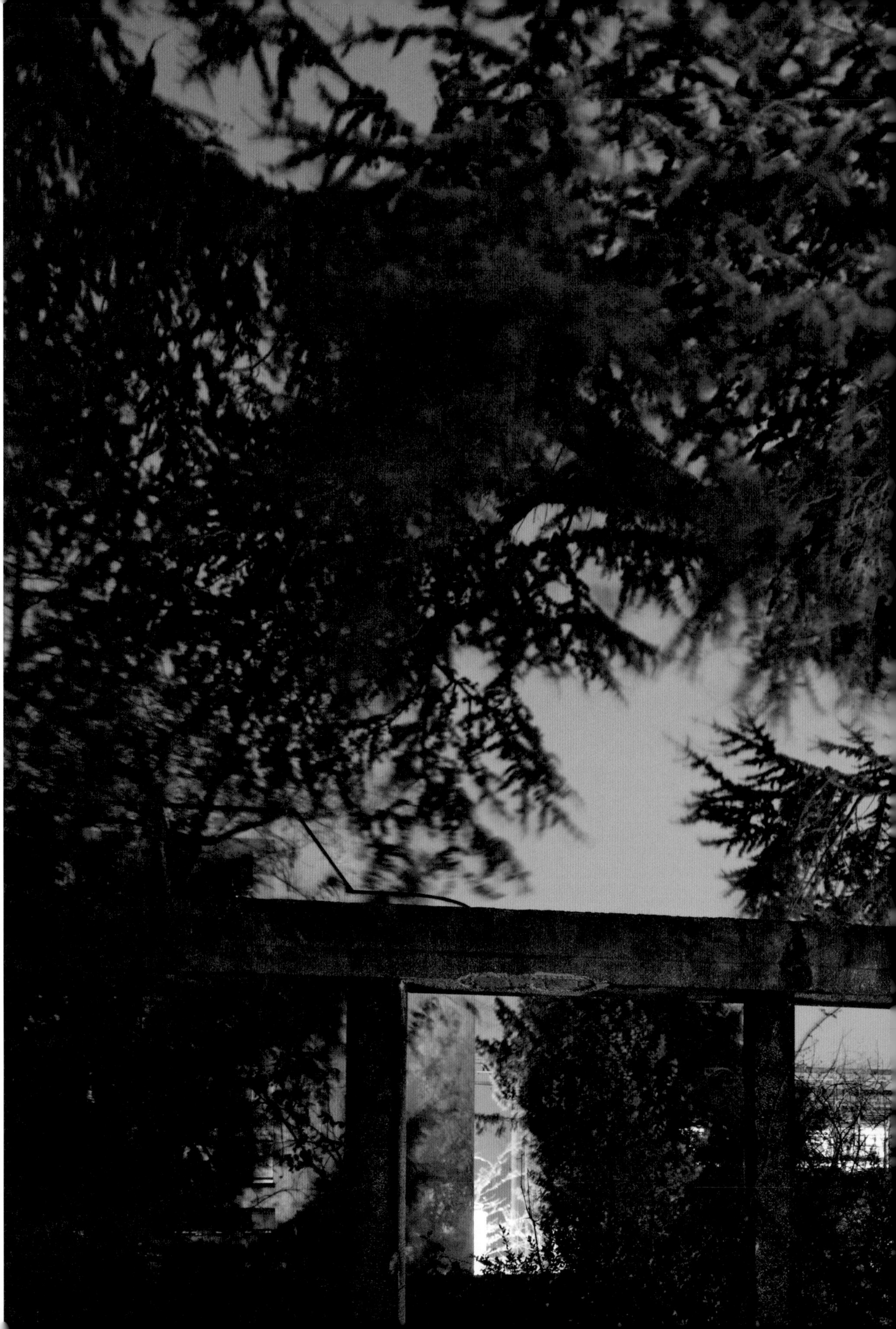

N 51°54.53' / E 4°28.22'

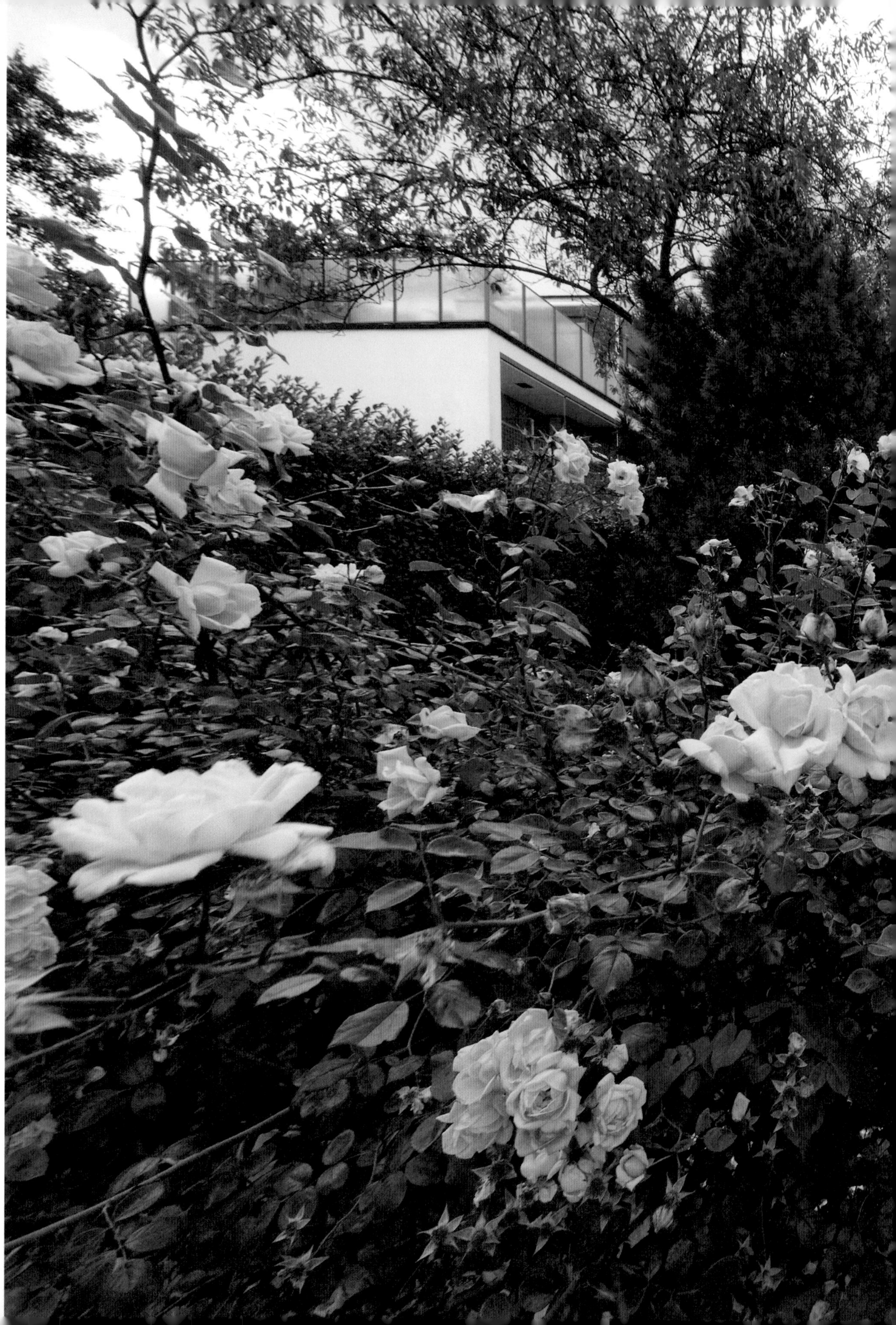

N 51°54.53' / E 4°28.22'

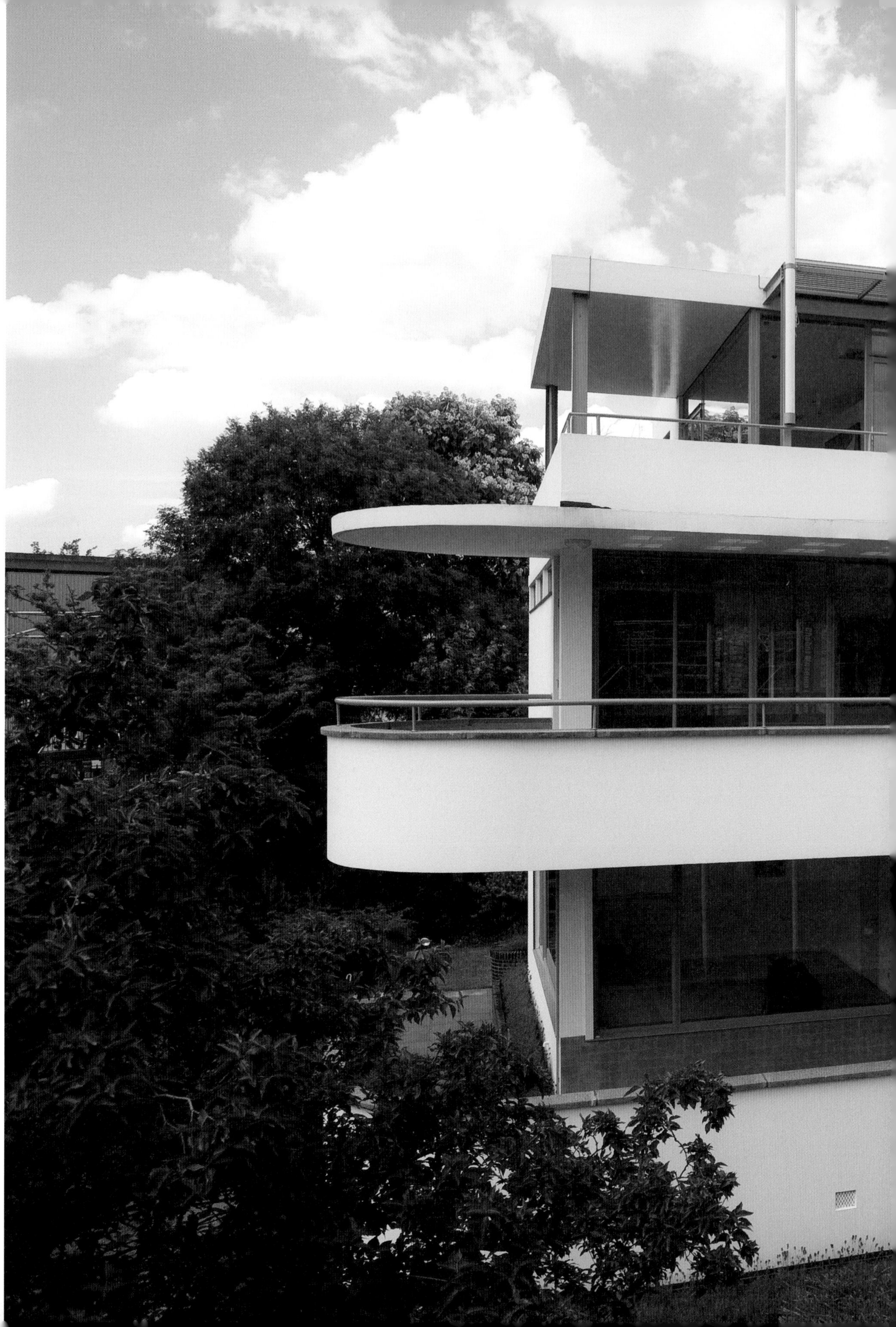

N 51°54.52' / E 4°28.19'

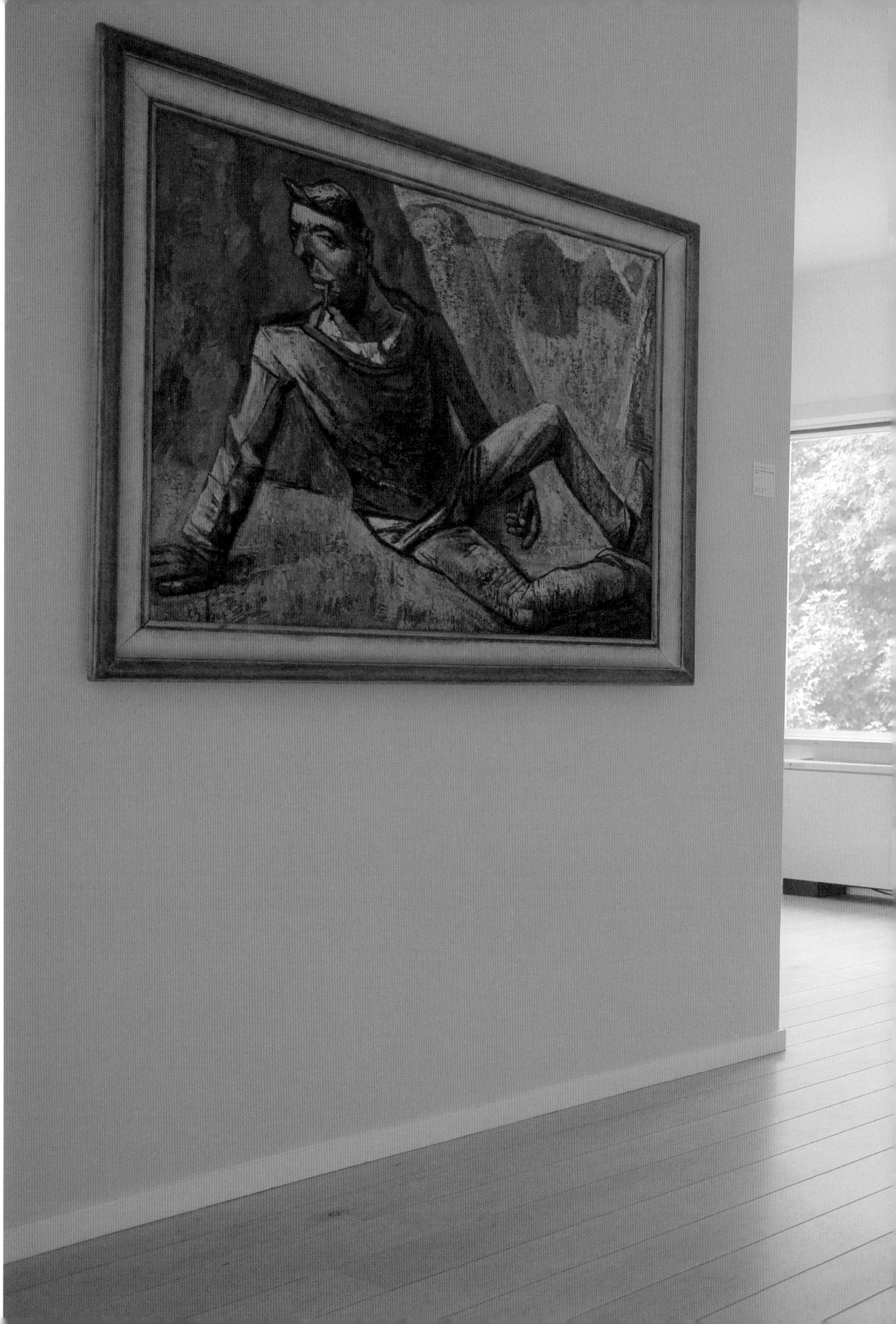

N 51°54.53' / E 4°28.19'

N 51°54.53' / E 4°28.19'

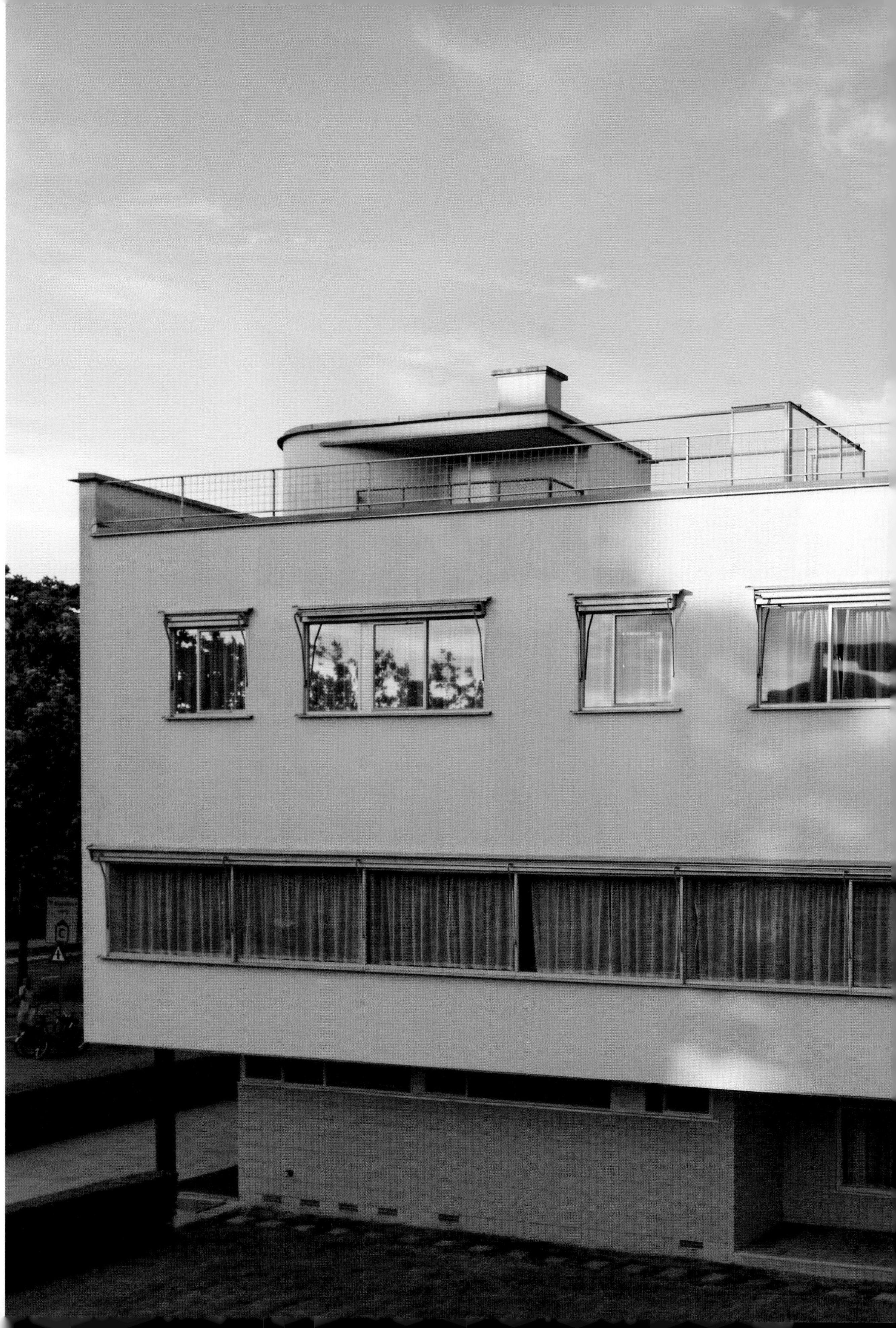

N 51°54.56' / E 4°28.19'

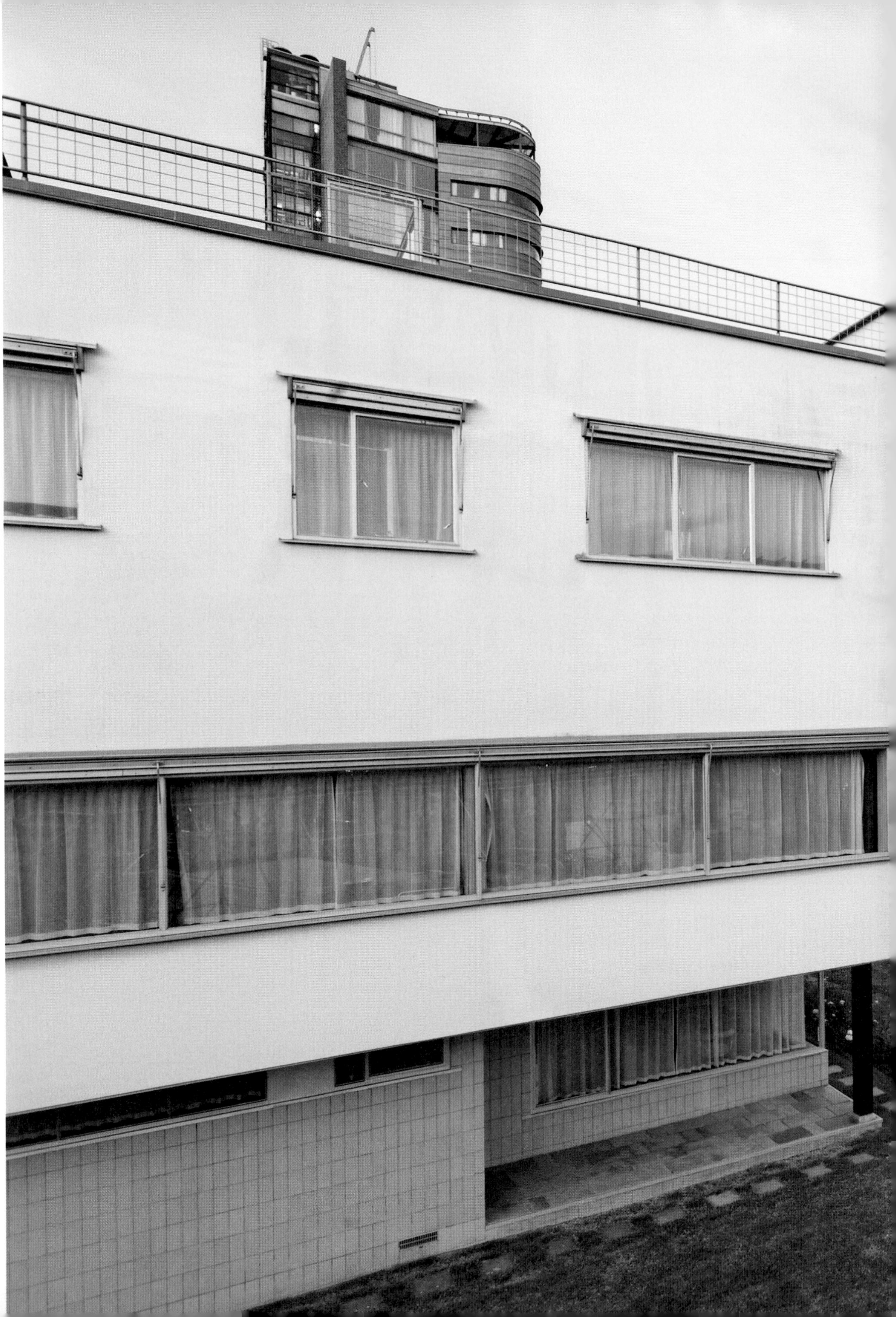

N 51°54.56' / E 4°28.19'

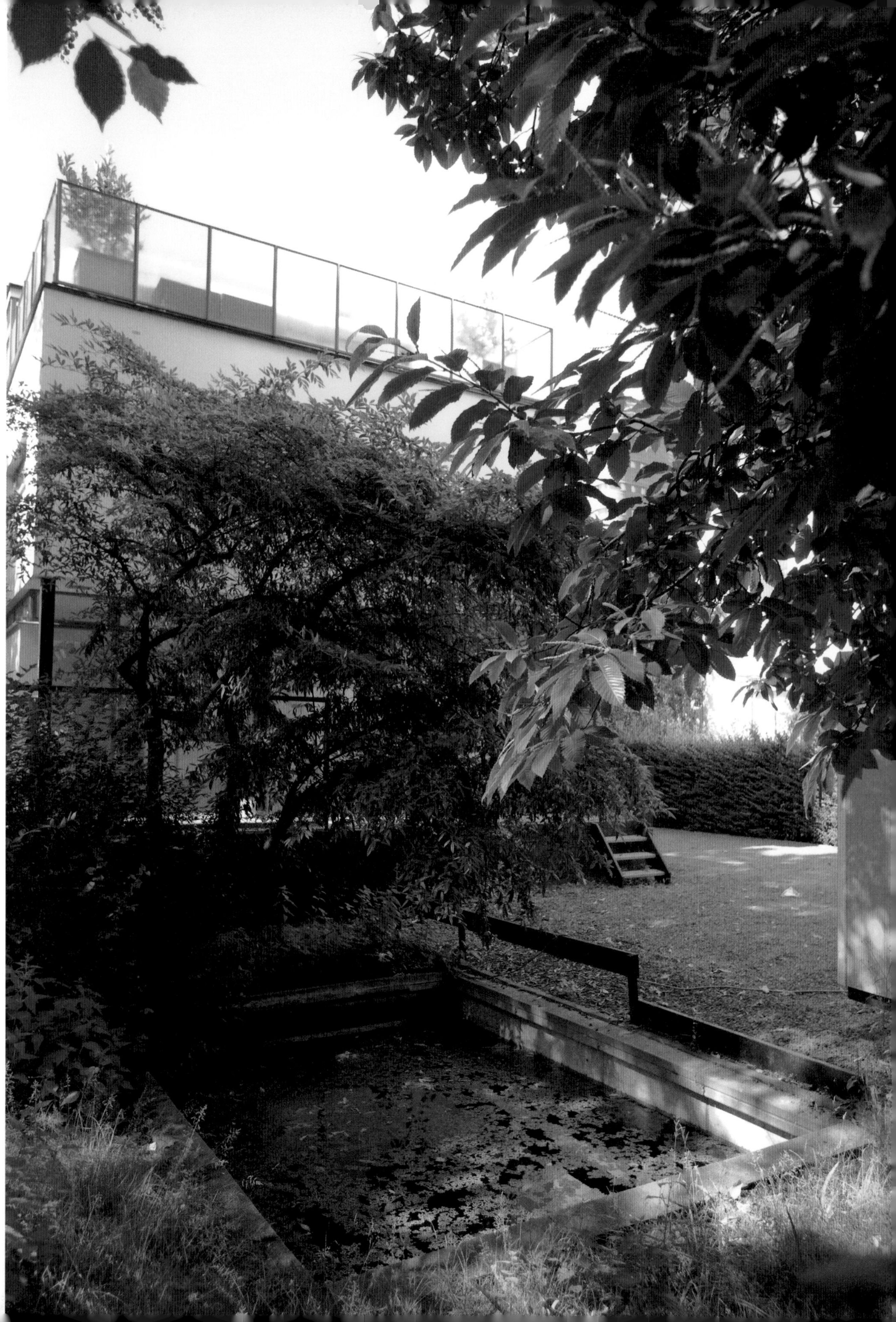

N 51°54.53' / E 4°28.22'

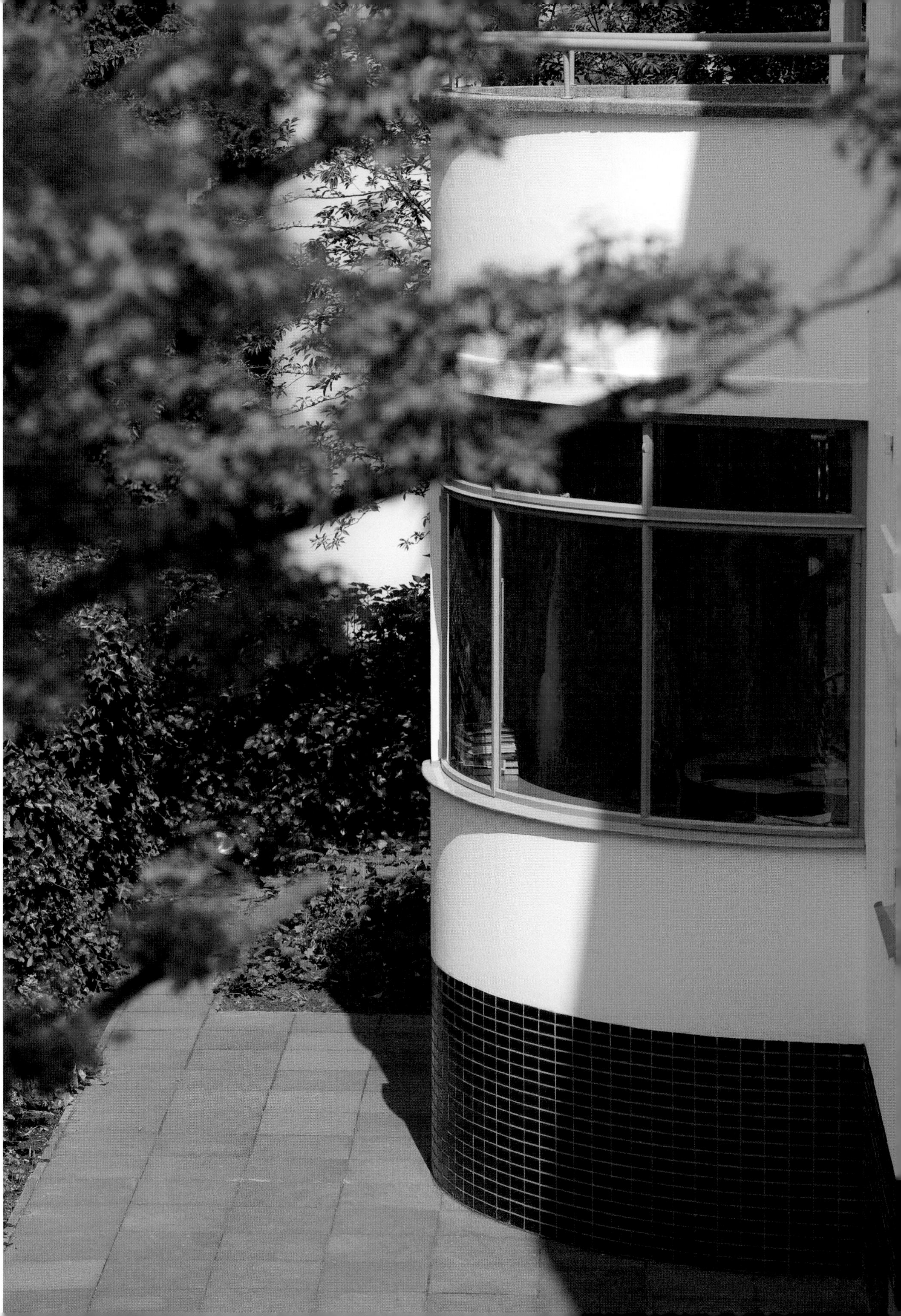

N 51°54.53' / E 4°28.18'

N 51°54.53' / E 4°28.19'

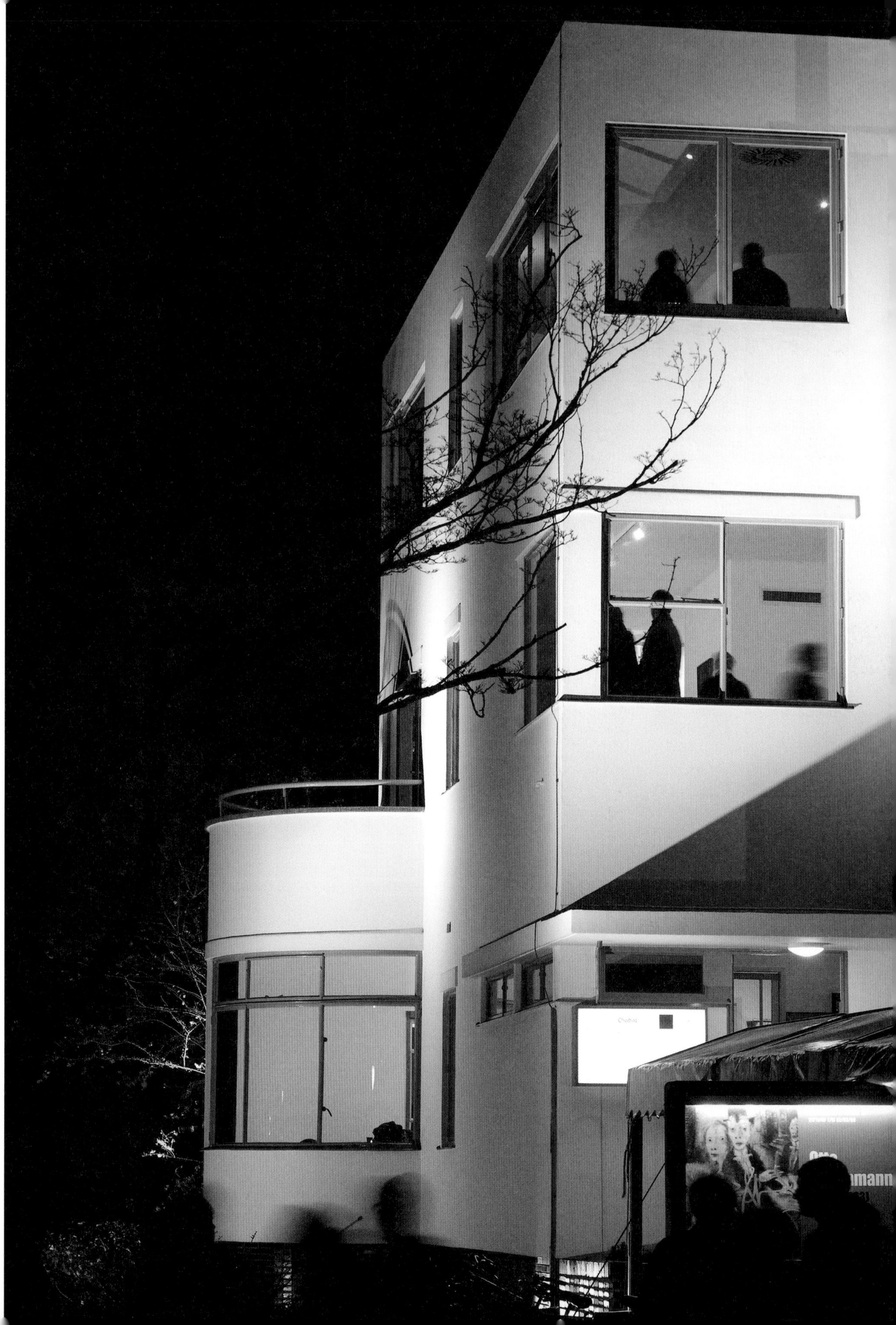

N 51°54.53' / E 4°28.18'

1993
Woody van Amen
Kleine werken op papier/Small
works on paper
t.g.v./on the occasion of Anjerfonds-
Chabotprijs 1993
12.11.1993/13.11.1993

Ogen blikken
Openingstentoonstelling/inaugural
exhibition
28.11.1993/27.02.1994

1994
Henk Chabot – Keuze uit de
collectie I
12.03.1994/29.05.1994

Verzameld licht
Lente- en zomerlandschappen,
rozen en papegaaitulpen,
schilderijen van Hendrik Chabot
en Marc Mulders/Spring and
summer landscapes, roses and
parrot tulips, paintings by Hendrik
Chabot and Marc Mulders
04.06.1994/21.08.1994

Zadkine, vroege beelden
Beelden van hout en steen/Wood
and stone sculptures
i.s.m./in collaboration with Musée
Zadkine, Paris
18.09.1994/04.12.1994

Constant oevreprijs 1994
i.s.m. Fonds voor beeldende
kunsten, vormgeving en
bouwkunst/in collaboration with
The Netherlands Foundation for
Visual Arts, Design and Architecture
10.12.1994/26.02.1995

1995
Figuurstukken uit de oorlogsjaren
'De actualiteit van Chabot', 50 jaar
vrede?/'Chabot today', 50 years of
peace?
12.03.1995/27.08.1995 (**inclusief**
verlenging/exhibition was
extended)

Käthe Kollwitz
Tekeningen, grafiek, sculpturen/
Drawings, prints, sculptures
i.s.m./in collaboration with Käthe-
Kollwitz-Museum, Berlin,
Käthe Kollwitz Museum, Köln
01.10.1995/07.01.1996

Chabot – Vroeg grafisch werk
Etsen, houtsneden, tekeningen/
Etchings, woodcuts, drawings
01.10.1995/07 .01.1996 (**1e**
periode/1st period)
21.01.1996/03.03.1996 (**2e**
periode/2nd period)

1996
Henk Chabot – Keuze uit de
collectie II
Boeren en landschappen/Peasants

and landscapes
21.01.1996/14.04.1996

Rotterdam on line
Tekeningenmanifestatie/drawings
show
21.03.1996/14.04.1996

'Und ich sehe nichts, nichts als die
Malerei'
Johanna Kaiser (1912-1991) te gast
bij Henk Chabot/Johanna Kaiser
(1912-1991) at the Chabot Museum
Gastconservator/guest curator:
Carel Blotkamp
tentoonstelling is overgenomen
door Museum voor hedendaagse
kunst, Gent/exhibition toured to
Museum of Contemporary Art,
Ghent
21.04.1996/02.06.1996

Manifesta I – I Want to Live Like
Common People
Bernhard Fuchs, Jitla Hanzlová,
Esko Männikö, Sam Taylor-Wood,
Mette Tron¬voll
i.s.m./in collaboration with Stichting
Manifesta
09.06.1996/19.08.1996

Landschappen van Chabot (I)
eigen collectie aangevuld met
landschappen uit de collectie van
Museum Boijmans Van Beuningen
/permanent collection with additional
landscapes from Museum Boijmans
Van Beuningen
21.09.1996/27.10.1996

Faces and Names
Ine Lamers – Anjerfonds – Chabot
prijs '95/Ine Lamers – Anjer Fund –
Chabot Prize '95
Fotowerken/photo works
15.11.1996/19.01.1997

Rotterdam Museumpark villa's
architectuurpresentatie
t.g.v.uitgave Wiederhall 20/
architectural display to mark
publication of Wiederhall 20
15.11.1996/19.01.1997

1997
Landschappen van Chabot (II)
Schilderijen, beelden/Paintings,
sculptures
08.03.1997/20.07.1997

Ernst Ludwig Kirchner
i.s.m./in collaboration with Kirchner
Museum, Davos
18.10.1997/18.01.1998

1998
Henk Chabot – Moeder & kind
Gastconservator/guest curator:
Kees Vollemans
15.02.1998/24.05.1998

Beeld van een collectie
zomerpresentatie, eigen collectie/

summer show, permanent collection
06.06.1998/06.09.1998

De Nieuw Amsterdam II – Een
varend kunstwerk
20.09.1998/14.03.1999 (**inclusief**
verlenging/exhibition was
extended)

1999
Het Nieuwe Bouwen: De
Weissenhofsiedlung in Stuttgart
Museumparkvilla's in Rotterdam
25.03.1999/30.05.1999

Gezien tussen eb & vloed
Een fotoreeks van Arno
Hammacher/A series of
photographs by Arno Hammacher
06.06.1999/26.09.1999

Zeelandschappen van Chabot
06.06.1999/26.09.1999

Henk Chabot – De collectie
Grootveld
Collectiepresentatie/presentation
of the collection
25.03.1999/30.05.1999 (**1e periode**
/1st period)
06.06.1999/26.09.1999 (**2e periode**
/2nd period)

De vriendschap – Henk Chabot en
Charley Toorop
16.10.1999/13.02.2000 (**inclusief**
verlenging/exhibition was
extended)

2000
Co Westerik
27.02.2000/28.05.2000

De voetballer
Beelden van Chabot in Rotterdam
/The sculptures of Chabot in
Rotterdam
08.06.2000/01.10.2000

Maskers en etnografica
De collectie Schortemeijer/The
Schortemeijer Collection
19.11.2000/18.01.2001

2001
Eva Svankmajerova – Jan
Svankmajer
Anima, Animus, Animation
i.s.m./in collaboration with IFFR
25.01.2001/25.03.2001

Thomas Ruff – l.m.v.d.r.
foto's van Thomas Ruff van
bekende huizen van Ludwig Mies
von der Rohe/photographs by
Thomas Ruff of famous houses by
Ludwig Mies von der Rohe.
07.04.2001/10.07.2001

Henk Chabot – De collectie op
zaal
14.07.2001/28.02.2002

White Villas
Videopresentatie over de
Museumparkvilla's en de
Weissenhoffsiedlung in Stuttgart/
Video presentation of the villas
of the Museumpark and the
Weissenhoffsiedlung in Stuttgart.
14.07.2001/28.02.2002

2002
Moderne meesters
Topstukken uit de 'Internationale
Schilderijentenoonstelling
van Moderne Meesters', De
Bijenkorf 1932/Highlights from the
'International Exhibition of Paintings
by Modern Masters', De Bijenkorf
1932
03.03.2002/02.06.2002

In eigen huis
Schilderijen, beelden, tekeningen
van Chabot e.a./Paintings,
sculptures, drawings by Chabot and
other artists
22.06.2002/29.09.2002

Philipp Bauknecht
Expressionist in Davos
Schilderijen en houtsneden/
Expressionist in Davos
Paintings and woodcuts
19.10.2002/23.03.2003

2003
Woody van Amen & Global
Dimensions
Inside Outside, Upside Downside
06.04.2003/22.06.2003

Piet Wiegman (1885-1963)
Schilder van de Bergense school
Graficus, ceramist,
poppensnijder/ Painter of the
Bergen School
Print maker, potter, wooden puppet
maker
05.07.2003/26.10.2003

Henk Chabot (1894-1949)
Werk uit eigen collectie
Schilderijen, beelden/Works from
the collection
Paintings, sculptures
05.07.2003/26.10.2003

100 jaar Dolf Henkes
Naakten op papier en paneel/
Nudes on paper and panel
16.11.2003/29.02.2004

2004
Presentatie Chabot Museum in de
Delfse Poort
21.01.2004/15.04.2004

Henk Chabot – De maskers/The
Masks
14.03.2004/13.06.2004

Villa Müller van Adolf Loos
Architectuurpresentatie/

Architecture exhibition
03.07.2004/26.09.2004

Emil Nolde (1867-1956)
Die Ungemalte Bilder
Aquarellen (1938-1945) uit de
collectie van de Nolde-Stiftung/
Die Ungemalte Bilder. Watercolours
(1938-1945) from the Nolde-Stiftung
Collection
31.10.2004/23.01.05

2005
William Kentridge
Journey to the Moon, Day for Night
and Seven Fragments for Georges
Méliès
i.s.m./in collaboration with IFFR
26.01.2005/20.02.2005

Een Hollandse lente
Schilderijen en tekeningen van
Henk Chabot (1894-1949)
In het kader van 60 jaar vrede/
Sixty years of peace: paintings and
drawings by Henk Chabot
(1894-1949)
05.03.2005/29.05.2005

Light and Form
Modernistische villa-architectuur
en fotografie in Hongarije/
Modernist villa architecture and
photography in Hungary
(1927-1950)
04.06.2005/18.09.2005

Het polder- en rivierlandschap van
Chabot
City Program Internationale
Architecture Biennale Rotterdam
04.06.2005/18.09.2005

Een collectie klinkend als een klok
Henk Chabot en tijdgenoten;
schilderijen, beelden, tekeningen,
grafiek en meubels (collectie
Schortemeijer)/Henk Chabot and
his contemporaries; paintings,
sculptures, drawings, prints and
furniture (Schortemeijer Collection)
08.10.2005/30.04.2006 (**inclusief**
verlenging/exhibition was extended)

2006
Live & Die
Dré Wapenaar's canvas,
steel & wood projects
Chabot Museum and surrounding
Museumpark Villas
23.04.2006/30.07.2006

Het fantastisch bal
Grafisch werk van James Ensor
(1860-1949)/Prints by James Ensor
(1860-1949)
08.09.2006/03.12.2006

Paula Modersohn-Becker
(1876-1907)
Schilderijen, tekeningen/Paintings,
drawings **i.s.m.**/in collaboration with
Paula Modersohn-Becker Museum,
Paula Modersohn-Becker Stiftung
12.12.2006/11.03.2007

2007
Jan Hart
Beeld voor een nieuwe stad/
Sculpture for a new city
project aan de steigers tijdens
de restauratie/installation on
scaffolding during restoration
14.05.2007/09.09.2007

Otto Gleichmann (1887-1963)
Schilderijen, aquarellen,
tekeningen en grafiek/Paintings,
watercolours, drawings and prints
27.11.2007/02.03.2008

2008
Henk Chabot
De Kerncollectie/The Core
Collection
15.03.2008/01.06.2008

Mathieu Ficheroux
Maker, Melancholicus/Maker,
Melancholic
10.06.2008/14.09.2008

Zicht op Zeeland
1933 Het Zeeuwse jaar van Chabot
(1894-1949)/View of Zeeland.
1933 Chabots Zeeland Year
07.10.2008/04.03.2009

2009
Henk Chabot (1894-1949)
Oog in oog met de collectie/Eye to
Eye with the Collection
24.03.2009/13.09.2009

Villa Park in the City
Foto's van Jannes Linders/
Photographs by Jannes Linders
29.09.2009/10.01.2010